日常と非日常のあいだの心理支援

ひきこもりと関わる

板東充彦 著　Bando Michihiko

JN120203

遠見書房

はじめに

1．本書の特徴

「ひきこもりのご本人に来ていただかないと支援はできません」と，かつては言われました。今でも，そのように対応する医療者・支援者がいることでしょう。それは，旧来の方法論のみでは，ひきこもり支援を進めることが困難だからです。何とか彼らが支援の場を訪れたとしても，「嫌なことがあると関わりをやめる」という戦略をもたれると，積極的な関わりが逆に支援を寸断する結果となってしまうからです。

このように支援者は苦労するのですが，当然ながらひきこもりの渦中にある方たちはそれ以上の苦難を抱えています。彼らは語らず，関わりをもたないため，その経験のない人たちがその心を理解することは非常に難しいのです。

本書は，臨床心理学の視点から，主に支援者向けに書かれたものです。さまざまな場所でひきこもり者を支えている方々にぜひ読んでいただきたく，実践に役立つものになることを目指しました。専門分野としては，心理・福祉・看護などですが，どなたにとっても読みやすいように，専門用語は最小限にするよう努めました。

ひきこもりの理解と支援に関する良書は，すでにたくさん出版されています。しかし，私が実践してきたことや，実践を通した視点にはオリジナルな点があると考えて，それらを言葉にするようにしました。そのため，理論的な書籍というよりは，現場の感覚を忠実に記した内容になっていると思います。

本書に収めた私の実践は2つあります。「ひきこもりのサポート・グループ」（第4・5章）と「ひきこもりのセルフヘルプ・グループ代表

者会議」（第9章）です。これらの根底にあるのは，「この社会で共に暮らしていく」という感覚です。この本は基本的に支援者向けに書かれた本ですが，「支援する者」と「支援される者」という二分法を改めて問い直してみたい，という趣旨も含んでいます。

第4・5章で述べるサポート・グループの実践で，私は臨床心理士としてグループを設定し，運営する「支援者」でした。支援の対象者との間には，目には見えないけれども明確なラインが引かれていて，ここに専門家としての職業倫理も存在しています。ただし，このサポート・グループは，地域においてセルフヘルプ・グループ（以下，SHG）と同様の位置づけを保ち，SHGと協働することを目指しました（SHGについては，第2章・第4章・第9章で触れます）。第9章で，「ひきこもりのセルフヘルプ・グループ代表者会議」としてSHGとの協働の実践を提示します。

私は，専門家の視点からこの書物を執筆しますが，地域で「共に生活している仲間」として自らを捉えると，「専門家」というのは虚構かもしれません。専門家とは言え，さまざまな悩みを抱えながら生活し，時に大きな失敗をすることもある，大して強くもない存在です。あまたあるひきこもりの良書の中，本書にオリジナルな点があるとすれば，この二分法に疑いの目を向けつつ執筆されている点です。ひきこもり者の生活に可能な限り近づいて検討する姿勢を心がけました。

しかし，これもまた虚構でしょう。専門家の立場で関わる以上，たとえばひきこもりの方々と「友達」になることは困難です。専門的支援をする際，友達になる必要はありませんし，私もそれを目指しているわけではありません。

ただ，支援の最前線にいる方たちは，このような感覚を共有できる部分があるのではないでしょうか。「一人の人として私を見てほしい」と対象者に言われたとき，支援者としての自分は，その場で止まってしまうような感じを抱くことがないでしょうか。「専門家と対象者である」以前に「人と人である」という事実を，私たちはどう考えれば良いのでしょう。

本書でこの答えを提示できたわけではありませんが，この書籍を執筆する根底には，このような「止まってしまう」感じが常にあります。ひきこもりをめぐる状況は，「人と人との関わりとは一体何なのか」ということを私たちに突きつけていて，そこから目をそらさないことが重要な意味をもつ気がしています。

2．ひきこもり支援に対する本書の基本的な考え方

ここで，本書の前提となる話に触れておきます。

本書では「ひきこもり者」と記述することがあります。「ひきこもり」と記述する場合は，その行動・現象を表します。明確に「ひきこもりの人」を表したい場合に「ひきこもり者」と記述することにします。「ひきこもりの人々」などとも書きます。

厚生労働省のガイドラインによれば，ひきこもりは「さまざまな要因の結果として社会的参加を回避し，原則的には6カ月以上にわたっておおむね家庭にとどまり続けている状態」（齊藤，2010）と定義されています。ここに統合失調症を含めるのかどうかなど，見解はさまざまありますが，この定義によれば，ひきこもりは多様な背景を抱えた人たちを含むと捉えられます。

6カ月以上にわたっておおむね家庭に留まる状態を「ひきこもり」と一括りにして捉えるというわけです。しかし，そこに至る経過と背景はさまざまなので，ひきこもりの理解も支援も，一つのものを規定するのは無理筋です。パーソナリティも能力も多種多様な人たちに対して，統一された支援の方法論を提示できるはずはありません。

しかし，上記の定義によれば，「6カ月以上ひきこもりの状態にある」ことは共通の体験としてもっている，ということです。この点に着目すれば，「ひきこもりの理解と支援」の方法論は，「この長期のひきこもり体験を通して形作られたもの」を対象として捉えるべきではないでしょうか。では，彼らの共通体験と，そこから形作られた困難は何なのでしょうか。これについては，第1章が参考になるでしょう。

第2部で紹介するサポート・グループは，ひきこもり者がその場に

「居られる」ことを目的とした活動です。ひきこもりを通じて形成された大きな困難は，本人の目線では「他者と関われないこと」，支援者側の目線では「関わろうとしても回避されること」で，このことへの対応がひきこもり支援の根幹だと私は考えています。ひきこもり者にとっては身を守る必死の行動であり，支援者にとってはもっとも苦労する点と言えます。支援者としては，この対応に時間とエネルギーが必要となります。

　では，ひきこもり者と十分に関われるようになったら，どうすれば良いのでしょうか。その後は，ひきこもりに至る背景にあった，「個別のさまざまな要因」の理解と支援が有効となるでしょう。たとえば，社交不安症，パニック症，強迫症，自閉スペクトラム症，統合失調症などを，その背景要因として挙げられます。診断名があるものは特に，理解と支援の方法の蓄積があります。もちろん，精神疾患の診断名がつかない状態に対しても，心理学的理解はそれぞれの背景要因への対応指針を提供してくれます。

　別の言い方をするなら，「カウンセリングを受けるまでの支援」が本書のテーマです。順に記述していきますが，ひきこもりの渦中にある人たちは，カウンセリングを受ける準備が整っていません。

　カウンセリングを受けるには，一定の条件が必要です。たとえば，統合失調症の急性期で興奮状態にある人は，カウンセリング（心理療法）を受けるタイミングではありません。一般的には，この時期にはお薬の力を借りながら，まずは精神状態が落ち着くことが目指されます。

　ひきこもり者も，その渦中にある人はカウンセリングを受けられないでしょう。統合失調症急性期の興奮状態とはまた違った意味で，カウンセリングを受ける準備が整っていません。だから，支援者も家族も苦労します（当然ながら，本人はそれ以上に苦労しています）。

　私は，サポート・グループの実践と，さまざまな現場における個人カウンセリングを通してひきこもりの方たちにお会いしてきました。また，本人にお会いできない場合，親面接を数多く経験しました。そ

れでも，私の経験は限られたものですし，直接お会いできないひきこもり者たちについては，親面接を通じた間接的な関わりに留まっています。

本書の視点にはこのような限界と偏りがありますが，ひきこもり者が他者と「関わる」ということを常に念頭に置いて，これまで支援を行ってきました。本書は，これまでの私の体験から，実践上の視点や工夫を提示するものです。

3．本書の構成

本書の構成は次の通りです。

第1部　ひきこもりの理解

第2部　ひきこもりの支援

第3部　"支援者"と"当事者"の関係性

全部で10章です。どこから読んでいただいても構いません。

支援者の方にどこか1章だけ選んで読んでいただくとすれば，「第6章　ひきこもり支援のポイント」かと思います。ひきこもり者と関わる際のポイントをまとめた章です。第4章「ひきこもり支援の枠組み──サポート・グループの実践より」と第5章「サポート・グループを通した支援」は，第6章につながる実践をまとめたものです。この2章を読むと，サポート・グループによる具体的な支援のことが分かります。

以下，各章の内容を概覧します。

「第1章　ひきこもりの心理」は，ぜひ読んでいただきたい章です。ひきこもり当事者の自伝を中心に調査し，彼らの声を整理しました。専門家の知見ではなく，当事者の言葉を通じてひきこもりの心理を捉えたいと考え，まとめたものです。

「ひきこもり者は時間を止める」という私の理解があります。「第2章　時間を止めた人たち──ひきこもりの"時間"考」では，その感覚をもとに，ひきこもり者の生活世界を捉えようと試みました。大震災が起きて津波が来ても逃げずにいたひきこもり者たちがいます。彼

らの心のあり方をどのように理解できるだろうか，という問題意識をもとに試論を提示しました。

「第3章　全てのものはところてんだ！──ひきこもりの"普通"考」は，サポート・グループで出会ったC氏へのインタビューをまとめ，考察したものです。「普通になりたい」という言葉を，ひきこもり者から聞くことが度々あります。C氏は，苦難に満ちた半生から，転機を得て劇的な世界観の変化を経験したひきこもり者です。C氏はもう「普通になりたい」とは言いません。C氏にとっての"普通"の意味が変わったからです。C氏がたどり着いた世界観は突き抜けたもので，私は「C氏にはとても敵わない」と，感嘆と敬意を感じるばかりです。恐らく，本書の中で一番ユニークかつ考えさせられる章だと思います。ここまでが第1部です。

続く「第2部　ひきこもりの支援」は，第4章から第8章までの5章で構成されています。前述の通り，第4〜6章が私のサポート・グループ実践をもとに記述した章で，本書の中心となります。

第2部のテーマはひきこもりの支援です。ただし，実践現場においては本人に会えない場合が多くあります。そのため，「第7章　家庭訪問」を執筆しました。ここまでに提示したひきこもりの理解を踏まえて，自室で身を守っているひきこもり者とどのように関わることができるか，その手順と留意点をなるべく丁寧に記述しました。

「第8章　親面接」も，ひきこもり支援には必須の視点です。「家族もまたひきこもっている」というのは，斎藤環氏が1998年に『社会的ひきこもり─終わらない思春期』（PHP研究所）ですでに指摘していたことです。すなわち，支援者は「親と関わる」ことにも苦労する場合があります。心理臨床の技術としては，親と本人の両方を視野に入れる必要があるため，親面接は本人面接よりも難しいです。第8章では，ひきこもりの親面接の基本的な心構えを述べました。

「第3部　"支援者"と"当事者"の関係性」は2章からなります。「第9章　セルフヘルプ・グループ代表者との協働」は，サポート・グループの実践と並行して，地域のSHG代表者たちとネットワークを

組んで取り組んだことを記述しました。SHG 代表者というのは稀有な
方たちだと私は思っています。自らも苦労の渦中にありながら，同じ
悩みを抱える人たちが集う場を組織するという新たな苦労を買って出
るのです。彼らは専門家ではありません。悩みを抱えた当事者なので
すが，何にも代えがたい情熱があります。不器用なのですが，「何とか
一緒に地域の支援のことを考えていきたい」と思わせてくれる，私は
とても好きな方たちです。

　私は，地域で彼らと共に活動をしたいのです。しかし，実は私が身
につけた臨床心理学の専門性がこれを邪魔します。彼らと協働するこ
とはできるのか，できないのか。可能であるなら，どのようにすれば
良いのか。このことを，事例を踏まえて考えるのが第 9 章です。

　「第 10 章　支援者の"当事者性"」は，先ほども書いた，「人と人
として，対象者とどう関わるか」を考える章です。伝統的な臨床心理
学は，面接室においてカウンセラーとクライエントの役割を明確に分
けることで支援技法を発展させてきました。ただ，心理支援は面接室
のみに限られないことは，カール・ロジャーズも「援助関係の特質」
(1958 年) という論文で指摘していることです。身近な人から「○○
さん，カウンセラーさんなんですね。ちょっと相談があるんですけど
……」と言われたとき，その方に適切な支援ができますか？　「面倒に
巻き込まれたくない」などと考え，なるべく関わらないようにしては
いないでしょうか。第 10 章では，「生活人としての悩みを抱えた主体
のあり様」を"当事者性"という言葉で捉えました。"当事者性"とい
う言葉を用い，地域における生活者の一人として専門家を捉えたう
えで，対象者との健全な関わり方について考察しました。

目　　次

第 1 部　ひきこもりの理解

　　　　＊　　　　＊　　　　＊

　「理解のない支援は要らない」とは，支援の対象者の方々から時折聞かれる強烈なパンチです。理解のない支援は迷惑かつ有害なものです。しかし，同時にひきこもりを理解することは極めて難しいことでもあります。

　第1部ではまず，ひきこもりの理解を進めることを目指します。ひきこもり者は言葉を発することが少ないのですが，書籍等で積極的に発信をする人たちもいます。第1章では，そのようなひきこもり当事者の言葉を広く集め，整理・分析しました。専門家の言葉ではなく，当事者の言葉からひきこもりの心理を捉えたい，という趣旨です。

　第2章では，ひきこもりの"時間"について考えます。東日本大震災において，津波が来ることが分かっているのに逃げなかったひきこもり者たちがいます。彼らはなぜ逃げなかったのか。さまざまな説明の仕方があると思いますが，本章では彼らが生活する"時間"に着目します。他のキーワードは「日常」と「非日常」です。私たちは日常と非日常の循環の中で生活を送っていますが，ひきこもり者にとっての時間はどのように進んでいるのでしょうか。

　第3章のキーワードは"普通"です。私がお会いしたC氏へのインタビューを通して，ひきこもりと"普通"との関係を考えます。「自分は普通ではない」という想いが彼らを苦しめていると考えられますが，"普通"とは果たして何なのでしょう。なぜ，私たちは"普通"にとらわれ，そこから逸脱することを恐れるのでしょうか。

　以上の点に「分からない」と感じる方はぜひ第1部をお読みいただき，ひきこもりの心理について一緒に考えてほしいと思います。

ひきこもりの心理

1. ひきこもり者の言葉

　「ひきこもり者の言葉」を聞いたことのある人は少ないのではないでしょうか。読者の皆さんは支援者の方が多いでしょうから，「聞いたことがある」と答えるでしょう。でも，どうでしょう。私も，彼らの言葉をちゃんと聞いたことがあるかと問われたら，ふと沈黙してしまうかもしれません。

　そもそも，ひきこもり者はあまり語りません。語ったとしても，彼らが本来体験してきたことを言葉にできているでしょうか。一見それらしい言葉のようでも，表面をなぞった程度のものかもしれません。

　本章のテーマは，ひきこもりの心理を理解することです。私たちは，支援の対象者のことをどれくらい理解できているのでしょうか。想像すると，途方に暮れるくらいです。もちろん，「完全に理解する」ことは不可能としても，できるだけ彼らの実感に即した理解をしたいものです。

　さて，ひきこもりの関連書籍はたくさんあり，臨床心理士や精神科医によるものに加えて，近年では社会学者によるものが増えてきました。「ひきこもりの理解」はそこで十分語られているようにも感じます

初出情報：本章は，板東充彦（2007）ひきこもり者の心理状態に関する一研究—文献における「当事者の語り」の分析より．九州大学心理学研究，8; 185-193. に加筆修正したものです。

が，本書では，ひきこもり者の実感を重視したいと思います。彼らの言葉を手がかりとして，「彼ら自身はひきこもりをどのように体験しているか」という，ひきこもり者本人がいる場所からの理解を目指します。

　ひきこもりの方々が出版する書籍もたくさんあります。私はそれらを整理して，図1-1のようにまとめました（p.18-19）。本章では，図1-1に沿いながら，ひきこもりの心理の把握を試みます。

　まず，特徴的な言葉を順に紹介します。"　"は参照した引用文献でひきこもり者が語っている言葉，〔　〕は図1-1の中カテゴリーの名称を示します。

（1）"表皮がはがれて，筋肉が外界にさらされているような感じ"（聞風坊，2005）

　この言葉は，〔過敏になる〕（図1-1左側中段）様子を示しています。走って転んで膝を擦りむいたとき，傷口がひりひりしますよね。この方は，全身の皮膚がはがれ，肉がむき出しになっている様子を述べています。もちろんたとえ話ですが，どのような状態か想像してみてください。皮膚が擦りむけた傷口は，ちょっと触れるだけでも痛いはずです。全身の皮膚がはがれているというのは，私が想像するに，空気に触れるだけでも痛い状態だと思います。

　そうであれば，とても外に出ることはできません。人に会って「カウンセリングを受ける」などもってのほかです。このような状態にある方に対して，支援者ができることは何でしょうか。この方が伝えてくれた感覚をもとに考えるなら，「皮膚を厚くする」ことだと思います。「面の皮を厚くする」と言っても良いでしょう。ひきこもりの支援では，ここに時間が必要なことが分かります。

（2）"「つらいよぉー」じゃなくて，「見えないよぉー」なんですよ。五

16

里霧中で何も見えない。周りが全く見えないんですよ”（橘，2003）

　これと同様のことを，“真っ暗闇の中を，一人で地図も懐中電灯も持たず手探りで行ったり来たり歩いている”（高橋ら，2003）と述べたひきこもり者もいます。自分が置かれている状況をよく理解できず，［混乱］（図 1-1 中央中段）する様子を示しています。

　ひきこもりが「楽しい」か「つらい」かと問われれば，多くの場合「つらい」でしょう。しかし，この方は「つらい」と感じる以前に，「真っ暗闇」で「見えない」と言っています。この感覚は，どのように捉えると良いでしょうか。真っ暗で音もしないような空間に，ずっと一人でいることを想像すると良いでしょうか。最初は「怖い」と感じるかもしれません。しかし，その場所から逃れることができないと分かれば，感覚を遮断するかもしれません。“傷つかないように深海の底に沈んでいるような感じ”（田辺，2000）と表現した方もいます。「何も見えない」という状況のみが残り，うろうろするか，諦めてじっとしていることしかできないのかもしれません。

（3）“ぬるま湯地獄ですよ”（橘，2003）

　これは，ひきこもりを体験した本人の感覚からしか生まれない言葉でしょう。“天国なんかじゃないですよ。ぬるま湯地獄ですよ。ぬるま湯って出ると寒いから，出れないんですよ。家で，食っちゃ寝，食っちゃ寝を延々繰り返すんですよ”（橘，2003）と続きます。他にも，“ラジオを聴いたりしてぼーっとする。時間つぶしだから，おもしろいかどうかなんてどうでもいいんです”（田辺，2000）という言葉もあります。

　この感覚を，私は［無気力］（図 1-1 左側中段）と呼びました。私はこれまでにお会いしたひきこもりの方々を通じて，この感覚は何となく分かるつもりでいます。読者の皆さんも，一時的な感覚としては無気力になった経験があるでしょう。疲れ果てたとき，そしてずっとエネルギーを注いできたのに一向に結果が出なくて途方に暮れたとき，

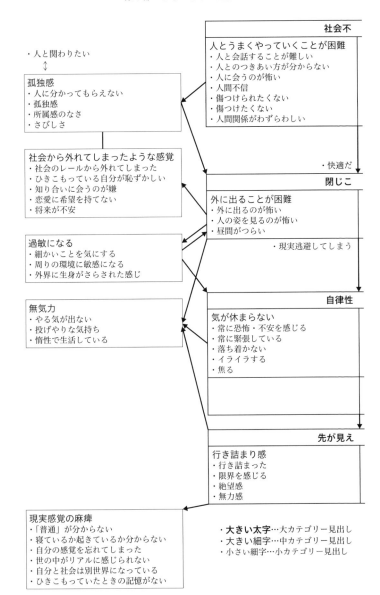

図 1-1　ひきこもり者の心理状態（見開き）

適応

社会でうまくやっていくことが困難
・社会とのつきあい方が分からない
・社会が怖い
・やりたい仕事が見つからない

・自分は正常だと思う
　　　↕

他者・社会への怒り・憎しみ
・家族への対抗として
・社会への対抗として
・親をうらむ
・社会を憎む
・怒り

・自分の存在の不確かさ

もり

自分を守る
・自ら人との関わりを絶っている
・自分を守っている
・放っておいてほしい

・考え続けてしまう

自己否定
・自分を肯定できない
・自分を蔑む
・自分の全てを否定する
・ひきこもっている自分を否定する
・罪悪感
・自分は人並みの生活をしてはいけない
　と思う
・ひきこもりが自分には合っている

肯定的に意味づけようとする
・ひきこもり生活を前向きにしようとする
・ひきこもりを肯定しようとする
・仕方なく受け入れる

の喪失

混乱
・感情をコントロールできない
・自分の状況が理解できない
・混乱している
・気が狂いそうになる

疲労感
・エネルギーが抜けていく
・疲れ切っている

なくなる

・助けてほしい
・あてのない希望を感じる

視野が狭くなる
・未来を考えられない
・「今」しか見えない
・過去のことしか考えられない

死にたくなる
・いつ死んでもいいと思う
・死ぬことを夢見る
・死ねなくて苦しい

⟶　・時間の流れが想定されること
　　　を示す
──　・関連の深いことが想定される
　　　ことを示す
⟷　・相互が表裏の関係にあると想
　　　定されることを示す

無気力の状態に陥るでしょう。比較的健康な多くの人は，その無気力は一時的な経験で終わります。しかし，さまざまな事情によりひきこもりが長期化すると，無気力は回復しないのです。毎日，ずっとこの状態が続きます。

　「将来に希望をもてない」という感覚とつながっていると思います。このことはまた後ほど触れます。

（４）“家ではエネルギーを蓄えるというより余計しんどかったりして，なんだかザルみたいに抜けていく”（山川，2002）

　「学校がつらいから行きたくない」という子どもが，無理せず２，３日家にいることでエネルギーを回復させ，再登校できることがあります。これは正しい対処だと思います。ただし，「家にいる」ことで，全ての人がエネルギーを蓄えられるわけではありません。うつ病にかかった会社員の方にも同じことが言えます。一定期間休職をして家にいることでエネルギーを回復できる方もいます。しかし，家にいても一向に休まらず，エネルギーを回復できない場合もあります。

　ひきこもり者は，家で悠々自適に暮らしているわけではありません。多くの場合，どこかで自分と他者を比較しています。「かつての同級生たちは，恋愛をしたり，結婚したり，バリバリ仕事をしてお金を稼いだりしているだろう。それに引き替え自分は……」と，比較したくない他者のことが常に頭の片隅にあります。この状態で，数カ月あるいは数年家にいて，果たして安心感を得て元気になれるでしょうか。“力が沸かないのではなく，沸いた力が溜まらずに流れ出すのだ”（聞風坊，2005）という言葉も聞かれます。気は全く休まらず，むしろエネルギーは削がれ，［疲労感］（図 1-1 中央下段）が増すばかりでしょう。

　「もう十分休んだでしょ。そろそろ何か始めなさい」。特にご家族は，このように言いたくなるかもしれません。しかし残念ながら，ひきこもり者の多くは，家にいるだけではエネルギーは回復しないのです。

２．心理状態の整理図

　図 1-1 では，中央の上から順に，大カテゴリーが４つ並んでいます。次に，この大カテゴリーに沿ってひきこもりの心理を捉えます。下記の【　】は大カテゴリー，［　］は中カテゴリーを表します。

（１）【社会不適応】

　中央一番上が【社会不適応】です。ここに［人とうまくやっていくことが困難］［社会でうまくやっていくことが困難］という２つの中カテゴリーがあります。

　精神科を受診すれば，社交不安症（かつての対人恐怖症）と診断されるひきこもり者もいるでしょう。そうであれば，早い段階で精神科における治療やカウンセリングで対処するべきだったのでしょうけど，何らかの事情によりそれがうまくできなかったと理解できます。

　"『誰かと一緒にわかりあえて』っていう喜びが一番向こうにあるんだけど，そこに行くまで気を遣いあったりして……。気を遣っても相手がそれをわかってくれない時もあったり……。そういう過程が面倒くさいから，だったらはじめからいいや，って放棄しちゃうっていうか……"（村岡，2003）。この方の感覚は，ひきこもり以外の方たちも比較的共感しやすいのではないでしょうか。

　日常生活にあるさまざまな困難事に対して，ひきこもりの方たちも初めから身を引いたわけではありません。いろいろな対応を試みて，でも残念ながらうまくいかず，結果としてひきこもることを選択するに至ったのです。

　下記の言葉も紹介します。"歩くことを知らない赤ん坊が〈どっちの足から前に出せば歩けるんだろう〉って，おびえ悩んでいる感じと似ているような……"（塩倉，2002）。"その人たちはどういうルールで関わりあっているのか，そもそもそこは安全なのか危険なのかなど，社会生活を営む上での基本情報がまったく分からなくなり，予想もつ

かなくなっている"（聞風坊，2005）。

　【社会不適応】は，ひきこもった後も続くのですが，その入口のところで，人や社会とうまくやっていけない経験が積み重なっていることは多いでしょう。

（2）【閉じこもり】

　2番目の大カテゴリーは【閉じこもり】で，［外に出ることが困難］［自分を守る］という2つの中カテゴリーからなります。

　ひきこもりには，「外的ひきこもり」「内的ひきこもり」という概念があります（小此木，2005）。「外的ひきこもり」は，皆さんのイメージにあるひきこもりで，身体が家や自室にひきこもることを指します。「物理的ひきこもり」とも言えます。これに対して，「内的ひきこもり」は「心のひきこもり」と言えます。「（心が）人と交流しない」ということです。この「内的ひきこもり」は，会社員の方がこの状態にある場合があります。つまり，会社勤めをしていて，仕事上必要な会話をすることはできます。だけど，いわゆる雑談を全くしない。この人はどんなことが好きで，どんなことを考えていて，休日をどう過ごしているか，同僚の誰も分からない。尋ねてもその答えが返ってこない。このような状態を「内的にひきこもっている」と言います。

　図1-1の【閉じこもり】は，このうちの「外的ひきこもり」を指します。家や自室に「閉じこもる」という行動のことです。厚生労働省の定義によれば，この「外的ひきこもり」の状態になければ（たとえば上記の内的ひきこもりの会社員の場合は），「ひきこもり」とは呼ばれません。

　田辺（2000）によれば，家や自室に閉じこもって人を避ける生活が続くと，人の姿が"宇宙人"や"幽霊"のように見えると言うひきこもり者がいます。また，「久しぶりにテレビを観たときは，まず2チャンネルをつけた」という人もいるとのことです。この「2チャンネル」とは，昔のNHKで，真っ黒の画面で音声だけが流れてくるチャ

ネルです。つまり，人の姿を見るのが怖いので，まずは声だけをしばらく聞いて，徐々に人に慣れていくという経過をたどったということです。

"ぐらぐら揺れて今にも崩れそうで，自分はその場所を守ることだけで精いっぱいになってたんです"（高橋ら，2003）という人もいます。この感覚をもったひきこもりの方は多いでしょう。そう昔の話ではありませんが，「ひきこもり者の部屋のドアを蹴破って中に入り，外に連れ出す」暴力的ひきこもり支援業者のことが話題になりました。有識者たちは，この業者のやり方に対して反対声明を出しました。読者の皆さんには，その理由がよく分かると思います。ひきこもりの方にとって，自室は「城」です。自分を守る最後の砦です。それが易々と突破されることがどんなに恐ろしいことか。周囲にいる私たちは，必死に自分を守っているひきこもりの方の気持ちを十分に理解して，その外側から丁寧に接する方法を考える必要があります。

（3）【自律性の喪失】

ここには，［気が休まらない］［混乱］［疲労感］という3つの中カテゴリーが入ります。「自律性」とは「コントロールできること」を意味します。その喪失とは，「自分で自分をコントロールできなくなる」ことを指します。

"いつとはなく緊張する。イライラが収まることがない。気の休まるときがない"（中村・さわ，2004）という状況です。ひきこもり者の言葉は前節でいくつか紹介したので，ご参照ください。

ひきこもり者が抱えているつらさは，表情からは分かりづらいかもしれません。落ち着いているように見えるひきこもり者もいます。しかし，心の中はどうでしょうか。疲れ切っていて，先の見えない混乱の中にいる方も多いでしょう。

自分で自分をコントロールできないということは，自分の人生を形作っていくことが困難ということです。ただし，「この人は自分の人生

を作っていけない人だ」という意味ではありません。ひきこもる以前の体験，そしてひきこもりの期間を経て「今，そういう状況にある」ということです。適切な回復の道をたどることができればもちろん，自分の人生を形作っていけるようになります。

（4）【先が見えなくなる】

　これまでに見てきた大カテゴリーの３つから，【先が見えなくなる】への流れは想像がつくと思います。次の節で述べますが，将来に希望を抱くことが難しくなります。［行き詰まり感］［視野が狭くなる］という中カテゴリーがここに入ります。

　"後ろを見れば確かに自分の歩いてきた道はあるけれど，前を見ると足もとでスパッと道が途切れて，その先は暗闇だけという感じです"（田辺，2000）。"さっきもこの後もない切り取られた今という瞬間しか与えられていない"（聞風坊，2005）。

　ひきこもり者の時間は狭められ，「今」しか見えなくなります。そうすると，将来のことを考えることができず，今の生活を計画的に組み立てることができなくなります。ご家族や支援者が言葉をかけても，無視をしたり「別に」と言ったりするひきこもり者は，このような心理状態にあるかもしれません。

　"清潔ってなに？　清潔にすると気持ちいい。なるほど気持ちいいのね。……気持ちいいってどんなこと？"（聞風坊，2005）。「感じる」という機能がダメージを受け，［現実感覚の麻痺］という状態を体験することもあります。このようなひきこもり者に対して，周囲にいる私たちはどのように手を差し伸べることができるでしょう。残念ながら，魔法のような処方箋はありません。しかし，何事にも方法は残されています。それは，本書でも少しずつ考えていきたいと思います。

3．まとめ

　以上の整理から，ひきこもり者の心理の特徴を下記３点にまとめま

す。

（1）世界への恐怖と守りのなさ

　「他者が怖い」「社会が怖い」という感じは，ひきこもりにならずと も経験することがあります。しかし，たとえば数年が経過したひきこ もり者の恐怖は，それとは比較にならないものです。まるで全身の皮 膚が擦りむけたように，空気に触れるだけでも痛い。人の姿を目にす るだけでも恐ろしい。加えて，"自分は人並みの生活を期待してはい けないんじゃないか"（林，2003）と，強い［自己否定］を抱えてい る。そしてますます，自室を最後の砦として，必死に自分を守ろうと 体を縮こませる。このような状態を，私は「世界への恐怖と守りのな さ」として捉えています。

（2）エネルギーと希望の喪失

　2つ目の特徴は，「エネルギーと希望の喪失」です。長期化してい るひきこもり者の多くは，ひきこもることでエネルギーは溜まりませ ん。「社会のストレスから逃れることができてラッキーだ。楽しいな」 と感じているひきこもりの方はごく少数でしょう。あるいは，一時的 に「楽」と感じることはあるかもしれません。しかし多くの場合，ひ きこもり者は自分の現状をよく分かっています。「このままではまず い」と思っています。でも，社会的関わりを構築するには難題をたく さん抱えていて，どうすることもできない。焦りばかりが募っていき， 将来に展望や希望を抱けなくなります。その結果として，「将来のこと を考えない。思考をシャットダウンさせる」というところに行きつく のでしょう。

　「希望がない」というのは，どういうことでしょうか。究極的に希 望がなくなると，未来に思いを馳せることをしなくなります。焦りや 不安を感じなくなるかもしれません。なぜなら，焦りや不安というの は，未来の自分の姿を想像し，そこにたどり着けないことを恐れるこ

とで生じるものだからです。

　「希望」というのは尊いものです。つらさがセットになってついてきますが，希望をもとに，未来のことを検討することができます。従って，焦りや不安を感じることができるというのは，実は幸せなことだと捉えることができます。

（3）混乱と「分からない」こと

　人間とは，「考えることのできる」生き物です。しかしそれは，状況が落ち着いていて冷静なときだけです。予想だにしないことが起こり，今までしてきた経験ではどう対処して良いか分からない事態というものがあります。大きな事故や病気，あるいは当然叶うと思っていた期待が裏切られたときなどです。そのようなとき，私たちは一時的に「混乱」し，頭が働かなくなります。

　多くの場合，それは一時的な混乱で済み，やがて収束して冷静さを取り戻します。その一時期を「危機」と呼ぶこともできますが，この状態がずっと続くとどうなるでしょう。危機の長期化です。現状をどう理解し，どう対処して良いか分からない。混乱した状態がずっと続き，疲れ果てます。2020 年に世界を襲った新型コロナウィルスの災禍についても同様のことが言えるかもしれません。

　元々，強靭さを兼ね備えている人は，危機においても冷静さを保って対処を続けるかもしれません。しかし，ひきこもり者たちはそのようなタフさを持ち合わせていず，ずっと混乱の中にいると考えられます。支援者は，問題の解決を目指そうと対策を考えますが，当の本人にその準備は整っていないのです。

　第 1 章では，ひきこもり者自身の言葉をもとに，ひきこもりの心理を捉える試みをしてきました。再度述べますが，全てのひきこもり者がここで述べた心理状態にあるわけではありません。ひきこもりは，抱えている困難も，その程度も本当にさまざまです。図 1-1 に示した

ひきこもりの心理は，多くが当てはまる方もいれば，一部のみ当てはまる方もいるでしょう。ただし，ひきこもりとともに体験されうる心理であることに間違いはないでしょう。皆さんが身近に接しているひきこもり者の理解に役立つのであれば，ありがたく思います。

　最後の「まとめ」で示したようなひきこもり者がいることを，ぜひ想像してください。私も未だ想像が足りていません。なぜなら，本章で述べてきたような心理の多くは，自分が体験したことのないものだからです。

　ひきこもり者の多くは語りませんし，彼らの表情からこのような心理を読み取ることも困難です。だから，さまざまな媒体を通じてひきこもり者本人が言葉にしてくれているのは大変貴重なことだと思います。

　私はカウンセラー（公認心理師／臨床心理士）です。ひきこもり者に対しても，私たちはまず，カウンセリングすることを考えます。では，ひきこもり者に対してカウンセリングは有効でしょうか。もちろん，有効です。しかし，「世界への恐怖と守りのなさ」「エネルギーと希望の喪失」「混乱と『分からない』こと」という状態にある方は，カウンセリングを受けることができるでしょうか。

　「カウンセリング」の定義にもよりますが，この渦中にある方には難しいと思います。まず，そもそもカウンセラーに会うためには，人に対する恐怖が一定以下でなければなりません。将来に希望をもっていなければ，そもそも「今後のことを考える」ということをしないでしょう。頭が混乱している状態では，未来について考えることができません。「どんなことでお困りですか？」と尋ねる伝統的なカウンセリングは，このような方たちにフィットしません。

　では，支援者はどうしたら良いでしょうか。答えは簡単には出ませんが，第1節で述べた「皮膚を形成する」というイメージは有効だと考えています。自分と外界をつなぐものは，身体で言えば皮膚です。皮膚がある程度の厚みをもっていないと，自分を保ちつつ，外界と関

わることができません。

　外界と関わる皮膚が薄くなり，自室の壁を厚くすることで自分を守っている人たちが，その皮膚を少しずつ厚くさせるためにはどうすれば良いでしょうか。触れるだけで破れて出血してしまいそうな皮膚に対して，周囲にいる者はどのように関わることができるでしょうか。

　彼らの一番身近にいる人はご家族でしょう。支援者は，ひきこもり者に直接関わることもできるかもしれませんし，家族を通して間接的に関わることになるかもしれません。

　本書では，ひきこもりの理解をさらに深めると共に，外界にいる者として彼らと関わる方法を模索していきます。

第 2 章

時間を止めた人たち

——ひきこもりの "時間" 考

　私はいつからか，ひきこもり者は「時間を止めた人たち」であるというイメージをもつようになりました。彼らにとって過去は，不登校やいじめなど，思い出したくないもので埋められているかもしれません。他方，未来には希望をもてないと感じることが多いのではないでしょうか。

　そうすると，残るのは「今」です。インターネットを見る，アニメを見る，ゲームをする等で，ひたすら「今」を消費します。そうすることで過去も未来も見ないでいられるなら，その生活を選択するのも自明です。ただし，その「今」に新鮮な体験はなく，物理的な時間はただただ過ぎ去っていくことが想像できます。

　「ひきこもっていた 5 年間の記憶がほとんどない」というような言葉を聞くことがあります。書籍にも，同様の記述があります（林, 2003）。「毎日，部屋にいて刺激が少ないので，記憶に残るようなことがない」というのは，感覚的には分かります。しかし私は，「記憶がない」という体験は，分かるようでずっと分からずにいました。

　私は，初めて会うひきこもり者に対して「20 歳くらいかな？」と年齢を予想すると実際は 30 歳だったり，30 歳かと予想すると 40 歳だったりすることが続きました。社会生活におけるさまざまな苦労を含

初出情報：本章は，板東充彦・髙橋紀子（2019）．ひきこもり者の生活世界に関する一試論—被災体験と「非日常」をめぐる考察．跡見学園女子大学心理学部紀要，1; 73-83. に加筆修正したものです。

む経験は，皺となって顔に刻まれるのでしょう。ひきこもりの方たちは，心の中では十分に苦労しているのですが，社会的な経験が乏しいために皺が刻まれず，実年齢よりも幼く見えるのだろう，と考えるに至りました。

　ひきこもりと時間とのこのような関係が念頭にありながら，他方で，「東日本大震災で，津波の警報を受けても逃げなかったひきこもり者がいる」というニュースの記事がずっと気になっていました。なぜ，彼らは逃げなかったのだろう。上述のような生活を送っているひきこもり者にとって，大地震と津波という非日常的な出来事はどう体験されるのだろう。

　このような疑問に対して何らかの答えを提示できないかと，ひきこもり者の被災体験を調べ，下記の論考をまとめました。「日常」と「非日常」をキーワードとして，彼らが体験している時間を捉えようとする試みです。

1．ひきこもり者の被災体験と非日常

　2011年3月11日に起きた東日本大震災では，上述のように「逃げなかった」ひきこもり者が報告された一方で，被災体験がきっかけとなって社会との接点を回復させたひきこもり者もいました。この違いを分けるものは何なのでしょうか。支援現場に置き換えると，たとえば親が病気を患ったり死去したりした場合，それを機会にひきこもりを終える人とひきこもりを続ける人の違いはどこにあるのでしょうか。本章では，このようなことを考えてみたいと思います。

　本章では，ひきこもり者の生活体験を捉えるために，「日常」と「非日常」という概念について検討します。私たちは日々，職場での勤労や家庭生活を経験しています。これを「日常」と捉えると，その合間に経験される「非日常」的な事柄がたくさんあります。これら現代日本社会における非日常体験について，嶋根（2001）は図2-1のような図を描きました。

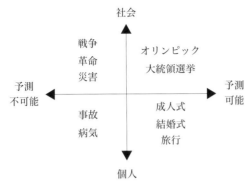

図 2-1　「非日常」をめぐる次元（嶋根，2001 をもとに板東作成）

　図の縦方向には，社会−個人の軸を設定しています。上半分は社会全体に起こる非日常的事柄，下半分はその人個人に起こる非日常的事柄です。非日常なので，これらは時折起こることがある，ということです。横方向には，予測可能−予測不可能の軸を設定しています。右半分はあらかじめ計画したり予定したりして実行されること，左半分は予測外に唐突に体験されるものです。分かりやすい整理ですね。

　「災害」は図 2-1 の左上に，社会における予測不可能な体験として位置づけられています。

　宗教学におけるデュルケム（1912/1975）の「聖と俗」，民俗学における柳田國男（1993）の「ハレとケ」の概念によれば，私たちが生活している世界は，日常的な体験と非日常的な体験の往復によって形作られています。日常だけでも非日常だけでも成り立たず，それらを行ったり来たりすることでバランスが保たれている，と理解できます。

　ここで大事なのは，「非日常」は，「日常」が前提にあっての概念だということです。すなわち，「日常」が経験されていないと，図 2-1 で整理されたようなさまざまな体験は，そもそも「非日常」としての意味をもたないと考えられます。

　このように日常−非日常の関係を捉えたとき，ではひきこもり者の生活世界は「日常」の連続として捉えられるのでしょうか，それとも

毎日が「非日常」の状態なのでしょうか。

　哲学的に考えると堂々巡りに陥ってしまいそうですが，この点を検討することで，ひきこもりの理解に一歩近づける気がします。方法として，まず書籍やインターネット記事を通じて，ひきこもり者の被災体験の事例を可能な限り収集しました。続いて，被災後の行動やひきこもりの回復の傾向によってそれらを分類しました。この整理をもとにして，ひきこもり者の日常と非日常の体験について考えます。

2．ひきこもり者の被災体験の事例

（1）5つのタイプ

　事例の分類により，次の5タイプを抽出しました（表2-1）。悪化型だけ分けている理由は後に述べます。

　5タイプそれぞれについての代表的事例は次の通りです。書籍やインターネット記事の記載を抜粋・要約して掲載します。

①　不変型

　不変型－1（ハギワラ，2011）

　隣に住んでいる20歳代の息子さんが，地震のあと家から出てきて，「津波がくるんですかね」と聞きに来たんです。隣の家は両親と息子さんの3人暮らしだったんですけど，（住民の女性が）「津波がくるからはやく逃げたほうがいい」と教えてあげると，その息子は何もいわないで，家に戻

表2-1　事例のタイプ

不変型	津波から逃げず，死去したか，そのままひきこもり生活を続けた
Uターン型	全てが破壊された高揚感から久しぶりに社会との接点をもったが，再びひきこもった
Jターン型	Uターン型と同様に再びひきこもったものの，日常生活に変化が見られた
回復型	被災体験が社会との接点を回復させるきっかけとなった
悪化型	精神症状が悪化した

って行った。両親もそのまま出てこないで，結局，津波に流されてしまった。住民の女性がいうには，（息子さんを）初めて見たっていうことでした。

不変型−2（ハギワラ，2011）

また岩手県野田村では，母親がひきこもりの40歳代の息子に「津波だ！　逃げろ」と叫んだものの，息子は出てこなかったため，母親だけが高台に避難。母親によると，息子は窓を開けて外の様子を眺めていたものの，そのまま津波に飲まれてしまったケースがあったという。

不変型−3（斎藤，2011）

40代女性。この女性は自宅の二階にある自室にひきこもっていたのだが，自宅が津波で破壊され，幸いにも命は助かった。驚いたのは，この女性は救助されるまで，瓦礫の中で三日間ほど両親の遺体と一緒にすごしていたのだ。状況から推測するに，おそらく両親は津波が来た時，彼女に逃げるよう説得しに行って，そこで津波にのまれてしまったのではないか。彼女はなぜか避難所に移ってからもしばらくは身元を明かさず，たまたま知人に発見されて親戚に連絡が行き，引き取られている。それでも避難所では，それなりに周囲と協調しながら生活していたのだが，親戚宅に移ってからはまたひきこもってしまって家事も手伝わず，仮設住宅への入居も拒んでいるのだという。

② Uターン型

Uターン型−1（上山，2006）

「1万円札があってもおにぎり一個買えない」のが，異様に自由だった。《日常》が壊れて，死と隣り合わせだけど，自分を縛るものがない。息をするのに，「自分の肺で呼吸している」実感。規範に締め付けられた無感覚の呼吸ではない。「蛇口をひねっても水がでない」状況が，規範を無化した。何もないところに，他者といっしょに放り出されている。私は，当

たり前のように「社会活動」した。「それ見ろ，ひきこもっていても，生死が懸かったら働けるんでしょ」と言われた。「兵糧攻めにも効果がある」という意味だろうが，「社会規範が温存されたまま自分だけ飢える」のと，「ライフライン＝規範が破綻し，地域住民全体が飢える」のでは，状況がまったく違う。震災時に重要だったのは，「飢える」ことと同時に，「日常が壊れた」ことだった。

Uターン型 - 2（斎藤，2011）

今回のボランティアで驚いたことの一つは，避難所でひきこもっている若者がいたことである。当然ながら避難所に個室はない。薄いダンボールの仕切りの中でひきこもっているのだ。もちろん通路から中は丸見えである。仕切り一つでひきこもりが可能であるという事実は，けっこう衝撃的だった。この若者にしても，避難当初は他の人々に交じって活動に参加していたらしい。しかし，被災して4カ月も経ってしまうと，避難所にも「日常」が戻ってくる。次第に人と交わるのが億劫になり，知人と顔を合わせるのがわずらわしくなって，最終的には人目を避けてダンボールの中でゲームばかりしているという生活に戻ってしまう。

③　Jターン型

Jターン型 - 1（池上，2011a）

震災後の停電の間，家族はロウソクの灯を灯し，部屋から飛び出した20歳代の息子も一緒に瓦礫を片付け，ひと部屋に身を寄せると，布団を敷いて，ラジオを聞きながら過ごした。しかし，親子は，それまで長年，信頼関係をなくして断絶。親は，子どもの顔を見ることができず，部屋に入ることもできずにいたのである。電気などのライフラインが復旧すると，その息子はまた，自分の部屋に戻っていった。それでも，夕食だけは，家族そろって一緒に食べるようになったという。「ずっと停電だったら，良かったのに」

　Ｊターン型 − 2（池上，2011a）

　福島県に住む 30 歳代の男性は，7 年以上にわたって引きこもっていた。この男性も震災を機に，部屋から出てきた 1 人だ。震災直後，親の急を伝える声掛けに，突然部屋のドアが開き，母親の手を取り裸足のまま外へ逃げ，母を守るために覆いかぶさった。オロオロしている両親の前で，てきぱきと動き回り，そして家族一緒に食事をとるという，夢のようなひと時を過ごした。しかし，その後，本人が「部屋で食べたい」と言い出した。母親は「せっかく会えたし，寂しいから，少しだけでもいいから出てきて」とお願いする。以来，彼は毎晩 10 時くらいになると，居間に出てきて，1 時間くらい一緒にテレビを見るようになった。最初は，恥ずかしくて，他人のように緊張していた。でも，そのうち「育毛剤を買って」などといった話もできるようになった。「7 年以上，食事も一緒にしていないし，気を遣い，緊張しながら食べていたんです。突然一緒に食事もしにくいですよね。でも，毎日夜 10 時に会えるだけでも，本当に嬉しいんです」そう母親は言う。たとえ部屋に戻っても，いままでとは雰囲気が違うらしい。親も子も，緊張感がなくなったのだ。

④　回復型

　回復型 − 1（池上，2013）

　市街地の沿岸部に建つ集合住宅に住んでいた 30 歳代後半男性のＡさんは，震災が来るまでの間，15 年以上にわたって引きこもっていた。Ａさんは，手すりにしがみついて必死に耐えしのいだ。そして，四方を水に囲まれ，屋上で孤立していたところをボートで救助されたのである。ただ，Ａさんは極度の緊張と体調不良により，病院に緊急入院。その 1 週間後，支援者のＢさんの元に電話が入った。Ｂさんは，3 年に渡り，Ａさんを訪ねてドア越しに短かく声をかける関わりを続けてきたのである。電話の相手は，病院からだった。いろいろと悩み考えながら引きこもっていた人たちは，震災が起きた直後，「引きこもっている場合ではない」「出なければ」と，部屋から出てきたという。そして震災後，久しぶりに出てきた引

きこもり当事者が，支援者の B さんを名指しして助けを求めてきた背景には，このような時間をかけた丹念な仕掛けが施されていたのだ。もし，震災がなかったら，そのまま引きこもっていて変わらなかったかもしれない。「死にたくないのに死んでいった人たちに申し訳ない。自分は，神様によって生かされたのだ」A さんは再び落ちそうになるたびに，そう実感して自分を奮い立たせる。

回復型 - 2 （友成・山内，2015）

　34 歳男性。社交不安症から職場不適応となり，ひきこもり生活をするようになった。その後，心療内科を受診して認知行動療法を受ける。不安・緊張に改善傾向が認められていたところで東日本大震災が発生して被災した。外出困難が再現し，何も食べずに暗い部屋で独居し，約 1 週間を過ごした。被災から約 2 カ月後，中断していた認知行動療法のホームワークを自主的に再開させた。そして，実家へ行って被災後初めて家族と対面し，故郷における津波の惨状を目の当たりにした。C さんは「こんなこと（ひきこもり）をしている場合ではないと思った」と回顧したが，その後復興ボランティアとして活動し，やがて職場復帰を果たして現在に至る。

⑤　悪化型

悪化型 - 1 （池上，2011b）

　うつや統合失調症を持っていた人たちは，震災の影響を受けて，不安が高まっているという。ある専門家は下記のように言う。「電話相談でも，対面で会えるくらいの引きこもりの人のケースでも，うつや妄想などの症状があって引きこもっている人たちは，余計に症状が悪化している感じがします。涙を流したり，また起こるのではないかという予期不安を訴えたり。元々，うつなどの既往歴のある人は，悪い方向に向かったのだと思います」

　いずれも事例の詳細は分からない点に限界がありますが，以上の 5 タイプに沿って，ひきこもり者の時間について検討していきます。

（2）不変型：ひきこもり者の時間

　不変型−1・不変型−2は，東日本大震災において，津波の到来を告げられたのにも関わらず家から逃げなかった事例です。不変型−3の，両親は被災して亡くなりました。ご本人は幸い一命をとりとめましたが，両親が亡くなった後3日間，助けを求めずに両親の遺体と共に過ごしたとのことです。避難所に移動してからも身元を明かさず，その後再びひきこもりの生活に戻ったという状況からも，現実社会との関わりを遮断する不変型−3の生活スタイルはほとんど変化しなかったように見えます。

　これらの事例を「不変型」として，被災体験がひきこもりの生活スタイルにほとんど影響を与えなかった一群と捉えます。不変型は，被災体験に対して恐怖心等が生じたことは想像されますが，行動レベルの変化は生じずに，被災以前と同様の行動パターンが維持されました。

　ところで，文献においてひきこもり者が時間について語っている例として，下記のようなものがあります。

　「これから5年以上，私の記憶はほとんど残っていません」（林，2003）
　「あれ？　あれ？　と思っているうちにまた眠りに入る。気がつけば昼。気がつけば夕方」（聞風坊，2005）
　「ぬるま湯地獄ですよ。ぬるま湯って出ると寒いから，出れないんですよ。家で，食っちゃ寝，食っちゃ寝を延々繰り返すんですよ」（橘，2003）

　物理的な時間は万人に同じように経過しても，ひきこもり者の時間は体験の密度が薄いのでしょう。変化は非常に少なく，たちまち時間が過ぎ去るイメージがあります。

　いわゆる哲学的な「時間論」を私は十分に論じることができませんが，本章に関連する視点として，哲学者の内山節による時間論を紹介します。内山は，物理的・客観的な時間のみで人間は存在しえないとして，次のように語っています。「地球の公転によって一年の時間が

生まれ，自転によって一日の時間が成立する。しかしそれだけなら歯車が回転しているだけであって，時間が存在するわけではないのである。時間が存在するためには関係が生じなければならない。…前者の時間を無機的な時間，後者を存在としての時間と呼んでおけば，無機的な時間との間に関係が結ばれることによって，はじめて存在としての時間は発生するのである」（内山，2011；傍点筆者）。

　この「関係」について，同じく内山は「その関係には，自然と自然の関係も，自然と人間の関係も，人間と人間の関係もあるだろう」（内山，2011）としていて，明確な定義には至っていません。ただしここでは，ひきこもり性の文脈に照らして，「情緒的な交流を含む社会的な関係性」と捉えておきます。

　この視点からは，現実社会との関係を可能な限り遮断しているひきこもり者の時間は「止まっている」（内山の言葉では「存在していない」）と言えるでしょう。自室にいて家族と顔を合わせることもなく，刹那的にインターネットやゲーム，あるいは何らかのこだわり行動からなる日々を過ごしているひきこもり者は，この状態に近いことが想像されます。本章では，外界との関係性から遮断されたこのような時間を「無の時間」と呼ぶことにします。

　ひきこもり者のうちのある一群は，このように時間を止めることで身を守ろうとしています。不変型のひきこもり者たちは，この自己防御に成功していたため，被災体験をも遮断したのではないでしょうか。被災体験と関係を築くことができなかったのです。彼らにとって，被災体験は時間の歯車を回すものとして機能せず，「逃げる」という行動につながらなかったのではないか，と想像することができます。

（3）回復型：日常と非日常

　不変型とは対照的に，被災体験を強い衝撃として受け取り，ひきこもり生活を脱した一群を「回復型」としました。回復型−1・回復型−2の共通点は2つあります。①被災体験をして「ひきこもっている

場合じゃない」と焦燥感にかられて行動を起こしたことと，②被災以前から支援者との関わりをもっていたことです。

　②をシンプルに理解すると，「被災体験がひきこもりからの回復のきっかけとなるには，支援者の関わりが必要である」と捉えることができます。しかしここでは，支援者に限らず，社会あるいは他者との関わりが必要であったと捉えたいと思います。

　回復型－1は，被災以前から支援者Bさんとの関わりがあり，被災後は名指ししてBさんに助けを求めました。回復型－2は，被災以前に取り組んでいた認知行動療法を自主的に再開させました。これらの行動は，ひきこもりの生活を送りながらも，社会的な関係性がすでに存在していたことを証明しています。

　嶋根（2001）による「日常と非日常」概念を思い出すと，回復型の生活にはささやかながらも社会的な交流が存在し，それが彼らの「日常」を構成していたと理解することができます。日常があるところに非日常もあるとすれば，彼らは非日常を体験する準備が整っていたと言えるでしょう。

　一般的に，社会との接点が少ないひきこもり者は，同じような日々が続くルーティーンの生活を送っていると思われます。しかし，外目には差が分からない生活であっても，不変型と回復型の生活世界は随分と異なっている可能性があります。

　回復型の生活には，社会的な関わりを通して日常が一定程度形成されていて，「社会」から「予測不可能」な形で（図2-1）非日常が体験される道が準備されていたのです。被災体験は，日常に対して強引にかつ暴力的に割り込んで来た非日常です。決して歓迎されるものではありませんが，回復型のひきこもり者にとっては，日常と非日常の歯車がかみ合うように回転を始める契機となったのでしょう。

（4）Uターン型・Jターン型：災害ユートピア

　不変型と回復型を軸の両端に置き，対照的なものとして捉えると，

Ｕターン型・Ｊターン型はその中間に位置づけることができます。Ｕターン型・Ｊターン型に共通しているのは，彼らが身をもって被災を体験し，心が揺さぶられ，一般の人たちと同様に危機に対応する行動を取ったことです。

　Ｕターン型－１は，阪神大震災における体験を明瞭に語っています。被災を「日常が壊れた」体験として受け取り，「異様に自由だった」と回顧しました。ここで述べられている「日常」は，社会的なものとして語られています。すなわち，社会がさまざまな困難を抱えながらも通常運転されている状態が「日常」であって，震災によってそれが「壊れた」と言っています。「日常」をこのように捉える場合，ひきこもり者は，日常にうまく適応できずに退却した者として捉えられます。この視点からは，一般社会の日常に対して，ひきこもり者は非日常を日々経験している存在ということになります（回復型は，非日常であるひきこもり生活の中で，日常としての社会的関わりを回復した者として捉えられます）。

　震災は，社会にとっての非日常です。Ｕターン型－１は，「異様に自由になった」と述べました。日常が壊されたので，そこに適応しなければならないという苦悩から解放されたのです。この解放感は，デュルケムや柳田が論じた祝祭や儀式における「非日常」性と同様に説明できるでしょう。日常は社会的な分類や序列から成り立っていますが，お祭りではそれらが一切関係なくなります。むしろ，社会的な関係性を持ち込むと，お祭りを心から楽しむことはできません。

　被災体験にこのような非日常性があることは，ソルニット（2009/2010）の調査でも明らかになっています。ソルニットは，世界中のハリケーンや地震等の被災体験を調査し，「災害ユートピア」の概念を提示しました。被災後には略奪行為等も現れるけれど，それ以上に，見知らぬ隣人同士が支え合う愛他的なコミュニティが出現する様子を捉えました。名も知らぬ者同士が互いに声をかけ合い，数日後に再会した際には肩を抱いて喜び合う光景が随所に見られた，と報告

しています。Uターン型－1は，新たに出現したこのようなコミュニティを体験したのでしょう。Uターン型－2もまた，「避難当初は他の人々に交じって活動に参加していたらしい」とのことで，同様の体験があったことが想像されます。

　シンプルに言えば，Uターン型は災害ユートピアを体験した人たちとして説明することができます。幸か不幸か分かりませんが，一般の人たちと同様に被災後のユートピアを体験し，同様に元の生活に戻っていきました。ただし，本章で収集した事例からは，この被災から被災後にかけての一時的体験が彼らにどのような意味をもたらしたのかを示すことはできません。

　他方，Uターン型と同様に災害ユートピアを体験したけれども，その結果として行動パターンが変わったのがJターン型です。「U」の字で元に戻ったことを示し，「J」の字で，少し戻ったけれども完全に元の地点にまでは戻らなかったことを示しました。

　被災後のやむをえない状況の中で，Jターン型－1は部屋から飛び出してきて家族と身を寄せ合って生活をしました。Jターン型－2は，親以上にてきぱきと動き回った後，家族と食事を共にするようになりました。どちらのひきこもり者も，震災後の処理が収まった後は再びひきこもりの状態に戻りました。社会復帰には至らなかったのですが，しかし家族で夕食を共にするようになったなど，家族との関係性には明らかに変化が見られました。

　Uターン型もJターン型も，その後の経過までは分からず，この点は本章のデータ収集の限界を示しています。しかし，たとえ一時的なものであったとしても，Jターン型のように被災体験がひきこもり者の外界との関わり方に変化をもたらしうることまでは指摘できそうです。

　これまでの検討から，不変型－Uターン型－Jターン型－回復型というラインを描くことができます。これは，情緒的な交流を含む社会

的な関係性を捉えた分類軸で，日常と非日常の循環がテーマになっています。

（5）悪化型：精神症状

一方，「悪化型」は被災体験によってうつや統合失調症の症状が強まった人たちで，精神症状に着目した分類です。被災体験がストレスに追い打ちをかけて精神症状が悪化するのは，比較的想像しやすい経過です。精神症状の悪化に対するケアが必要なのは論を待ちません。「はじめに」で述べたように，これについてはそれぞれの精神疾患の治療論に依拠するのが有効でしょう。

本章においては，ひきこもり者と時間の関係性に着目して考察しますので，「悪化型」についてはその存在を確認するに留めることにします。

3．ひきこもり者の生活世界

以上のような事例の分類と検討を受けて，ひきこもり者の生活世界について考えます。

まず前提として，一般社会が相互に関係しあいながら生活が回っていく世界を「日常」と捉えます。ひきこもり者は，この社会的な日常に困難を抱え，社会との接点を避けて自宅・自室へ退避しました。一旦，このひきこもりの生活を「非日常」と捉えます。図 2-2 の上部はこのことを示しています。たとえば，不登校児童が数日の単位で一時

図 2-2　ひきこもり者の生活世界

的に家庭へ退却し，エネルギーを蓄えた後に再登校を試みる状況は，図 2-2 の「日常→非日常」の矢印を逆向きに戻る過程として理解できます。

　さて本章では，社会的な関係性の回復を軸に，被災体験のパターンを不変型－Ｕターン型－Ｊターン型－回復型と分類しました。そのうち，不変型は外界との関わりが遮断されたままの人たちで，彼らの時間を「無の時間」と捉えました。図 2-2 の右側の点線は，「無の時間」に下りていく道筋を示しています。不登校児童の例では，非日常的空間に退却したとしても，日常との関わりがまだ強く残っていて（すなわち日常的な時間との関わりがまだ継続していて），日常（たとえば学校生活）に戻るチャンスが多いと理解することができます。

　社会にとって，災害は非日常的体験です。回復型のひきこもり者たちは，被災体験を契機として，社会的な日常へ戻る経路をたどりました。図 2-2 の「回復型」は，前述の不登校児童の例と同様の地点に位置づけて理解できそうです。

　ソルニット（2009/2010）は，災害を「進行中の変化を加速させ，もしくは，何であれ，変化を妨げていたものを壊す」ものとして捉えました。すなわち，災害は起爆剤のようなものであって，災害によって推進された変化は，災害が起きていなければより緩やかな形で達成されたものとして理解できます。たとえば Covid-19 による社会の変革も，同様に理解することができそうです。災害をこのように捉えるなら，回復型と分類されたひきこもり者たちは，被災時点ですでに日常生活へ戻る準備が整っていたのではないか，と考えることができます。被災体験はその流れを後押ししたのです。

　回復型のひきこもり者たちは，確かに，日常から非日常空間へ退却したのでしょう。しかし，その生活の中にはまだしっかりと「日常」が紛れ込んでいる，と理解できます。その日常は，情緒的な交流から構成されているのではないでしょうか。そうだとすれば，日常との接点を未だ色濃くもっている回復型のひきこもり者は，その分苦悩も強

いことが想像されます。社会的な日常と非日常の間の綱引きにさらされているからです。

　それに対して，不変型は「無の時間」の中にいると捉えました。彼らは，「日常」から見事に退却した，と言えるかもしれません。嶋根（2001）によれば，日常と非日常は表裏一体で，非日常があるところには日常が存在しているはずです。回復型は身をもってこれを示していますが，不変型には日常も非日常もない，と言えるかもしれません。彼らの時間は止まっていて，そのために被災体験は「非日常」として体験されないのではないでしょうか。

　図 2-2 の右側に配置した J ターン型は，被災体験を受けて日常性を一段階回復させた人たちです。U ターン型は，被災体験に触れたけれども，退却した世界へ戻ろうとする力の強い人たちです。

　ひきこもり始めた当初は回復型の位置にいて，徐々に退却を強めて（ひきこもり性を強めて）不変型に移行していく，というイメージが描けます（第1章の図 1-1 を下の方へ移行するイメージと重ねても良いでしょう）。情緒的な交流からなる日常の苦悩が強いとすれば，さらに苦悩を減らすためには一時的に非日常へ退却するだけでは不十分で，関係性を遮断する方向へ向かうのが有効だからです。

　以上の考察から，「日常」には2種類の意味が含まれていると理解できそうです。1つ目は，一般社会で共有されている日常で，その社会的なサイクルにある程度適応し，組み込まれることが求められます。この日常には，一時的な「非日常」が対になっていて，そこに健全な循環を想定することもできます。これを「狭義の日常」と呼びましょう。図 2-2 の左上に描かれた「日常」は，これを表しています。

　2つ目の「日常」は，私たち個々人の情緒的な交流から構成されるものです。これは，勤労などの社会生活をしているかしていないかということではなく，友人や家族などとの情緒的コミュニケーションがどのように・どの程度なされているかが指標となります。すなわち，回復型に典型的なように，ひきこもり生活を送っていながらも十分に

苦悩し，情緒的には外界と関わりながら時間が進行する「日常」です。図 2-2 では，下部の「無の時間」に対置され，上部の日常と非日常の双方を含むものとして捉えられます。これを「広義の日常」と呼びましょう。

　このように，仮に 2 種類の日常を捉えてみます。そうすると，「不変型」は，1 つ目の（狭義の）日常から退却し，さらに 2 つ目の（広義の）日常からも退却したひきこもり者として理解できます。「はじめに」で触れた概念を使うなら，外的にひきこもり，かつ内的にもひきこもった状態と言えるでしょう。

　ひきこもり者が背景に抱えている精神症状はさまざまで，多様な人たちを含みます。本章では，社会的な関係性の観点から 4 つのタイプを図 2-2 に配置することにより，生活体験が異なるひきこもり者がいることが想定されました。特に，回復型と不変型に対しては，有効な支援の方法が異なるのではないでしょうか。

4．ひきこもり支援

　図 2-3 は，図 2-2 をもとにひきこもり支援の経路を示そうとしたものです。「無の時間」にいるひきこもり者は，一足飛びに図左上の「日常」生活に戻ることは恐らく困難です。

　不変型のひきこもり者の時間が動き始め，再び現実（＝広義の日常）

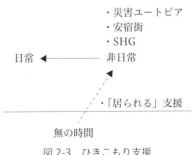

図 2-3　ひきこもり支援

に触れるようになったとき，その世界はなるべく居心地の良い場所の方が良いでしょう。現実に触れるだけでもしんどいのに，さまざまな偏った価値観や理不尽さに覆われた一般社会に直面すると，再び「無の時間」へひきこもりたくなるだろうからです。

すなわち，図2-3の「無の時間」にいるひきこもり者は一旦，図右上の「非日常」に戻ると良いと考えられますが，その「非日常」とはどのような場所であると良いのでしょう。この「非日常」の適切な設定は，不変型ひきこもり者に対する重要な支援になると思われます。

本章で検討した災害は予測不可能な惨事です。これ自体は支援技法にはなりえません。しかし，Uターン型とJターン型の事例で体験された災害ユートピア，そこで出現した相互扶助的コミュニティは，災害時以外にも体験できるものです。突飛な例に聞こえるかもしれませんが，その一つが，異国の地でバックパッカーが集う安宿街です。

バックパッカーとは，リュック一つを背負い，少ない予算で海外を気ままに旅する人たちのことです。安宿街とは，そのようなバックパッカーたちが旅の中継地点として集い，発展した街のことです。東南アジア圏ではバンコクのカオサン・ストリートが有名で，新井（2000）はこの街の社会学的な考察を行っています。リュック一つでこの街を訪れる若者（中には年配の方もいますが）は，居住国での社会的立場とは一切関係ない空間に身を置くことになります。日常生活場面の会社や学校などでどのような役割を担っていても，この安宿街では関係ありません。集うも自由，離れるも自由の空間で，バックパッカーたちの平等性は保たれています。新井（2000）は，この自由・平等からなる空間をフランスの自治制度になぞらえて「コミューン」と呼んでいます。

たとえば日本人バックパッカーにとっては，居心地が良い悪いに関わらず日本社会が「日常」であり，旅先の安宿街はそこから離れた「非日常」です。バックパッカーが旅をする際，訪れる中継都市はおよそ共通なので，どこかで知り合った旅行者に他の街でばったり再会する

こともあります。その時に無事を確かめ合い，意気投合するのは，被災後の街で再会する市民たちの心境と似ています。すなわち，日常における社会的立場よりも，その時に体験されている社会的状況の共通性が勝り，連帯感が生じるのです。「お祭り」の空間と捉えても良いでしょう。

　さて，ひきこもり支援の文脈に戻ると，これと似た非日常空間としてセルフヘルプ・グループ（以下，SHG）があります。SHG は，たとえばアルコール依存症者の SHG のように，同じ問題を抱えた人たちが集う場所です。そこに専門家はいないのですが，同じ境遇にある人が集うことで，お互いにあうんの呼吸で気持ちを分かり合うことができます。たとえば家族を事故で亡くした方たちの SHG では，同じ体験をした人にしか分からない気持ちを互いにシェアすることができます。

　ひきこもり者は，日常生活が営まれている社会から逃れ，自室を中心とした非日常空間へ退却した人たちです。非日常性を求めるのであれば，たとえば回復型や J ターン型ひきこもり者は SHG の空間になじみやすいのではないでしょうか。SHG に参加しているのは全員ひきこもり者なので，一般社会のように，仕事をしていないことで責められることはありません。SHG は，社会的価値観から離れた空間を形成しています。

　SHG で出会った人たちが肩をたたき合って喜ぶまではないとしても（いえ，なくはないのですが），「同志」としての連帯感はあります。支援者も，日常性で覆われている社会の中で，SHG のような非日常空間を意図的に作ることを模索することができます。専門家が代表者となって作った SHG のような空間を「サポート・グループ」と言い，私が選択した支援はこの形態です。具体的には，第 2 部で記述します。

　ひきこもり支援と言えば，まずイメージに上るのは図 2-3 の非日常→日常に向かうための支援でしょう。これは社会適応へ向かう矢印で，具体的には就労支援です。この支援も簡単ではなく，より有効な方法

を検討していく必要があります。

　しかし，本章の検討から，無の時間→非日常に向かうための支援を模索する必要性を主張したいと思います。すなわち，不変型やUターン型ひきこもり者は，できることなら時間を止めてしまいたいという欲求を根底に抱いている人たちです。「無の時間」からダイレクトに日常へ向かう矢印は引けず，彼らは日常を見るのがつらいために，ますます時間を止めようとするのではないでしょうか。

　一般的な話として，一枚岩のように見える日常にも，実はその裏に（あるいはセットとして）非日常が存在しています。その非日常はまさしくユートピアかもしれません。それを十分に体験することを通じて，日常へ向かう準備が整うのではないでしょうか。

　社会で何とか過ごしている私たちは，実はそれぞれに非日常空間，いわゆる「逃げ場」をもっています。そこは，気心の知れた友人や密かな空間から構成されていて，必要なときにはそこに逃げ込める場所です。私たちは，幸いにも日常生活の中にそのような非日常性をうまく組み込むことができたのでしょう。

　そこには，安心できる情緒的な交流も必要でしょう。心身を休めるだけなら一人の空間で良いかもしれませんが，苦労の多い日常社会への接続を果たすなら，情緒的交流を通した気づきや支えが必要だと思います。しかし，ひきこもり者はその情緒的な交流も怖いのです。それまでに裏切られてきた経験が多いのかもしれません。あるいは，社会的な価値観の力が強く，それが「良心」のような衣を着て襲いかかってくるからかもしれません。ひきこもり者にとって，穏やかな情緒的交流が保たれている非日常空間の存在は，日常へ戻ってくるための足がかりとなるのではないでしょうか。

　私が実践したサポート・グループでは，「居られる」ことを目的としました。何らかのきっかけを得て，勇気を振り絞ってグループを訪れたひきこもり者は，その場に「居られる」だけで情緒的な交流が少しずつ回復していきます。図2-3の「居られる」支援という表記はこの

ことを示しています。

　SHGは非日常空間を形成すると先ほど言いましたが，実は個人カウンセリングでも同じ空間を提供することができます。しかし，クライエントに変化を求めるカウンセリングでは，社会適応に向かわせる圧力が暗にかかり，非日常→日常の支援になりがちかもしれません。そうではなく，不変型ひきこもり者の存在を念頭に置いて，無の時間→非日常へ向かう矢印を支援の選択肢に加えてはどうでしょうか。

5．おわりに

　本章の冒頭で，親の病気や死がひきこもりからの回復のきっかけになるかならないか，という点に言及しました。これに対する私の答えは，「回復型ひきこもり者には回復のきっかけになるが，不変型ひきこもり者にはきっかけにならない」です。

　親の病気や死，そして被災経験は「非日常」と捉えられます。一見穏やかに見えるひきこもり者の生活にも，いつかは（多くは暴力的な形で）この非日常が侵入してきます。しかし，「無の時間」にいるひきこもり者にとって，これらは「非日常」としても体験されないのではないか，というのが本章の考察でした。そうではなく，たとえつらいものであったとしても，それらの侵入が「非日常」として体験され，それに伴って「日常」が回り出すイメージを描いてはどうでしょうか。

　ひきこもりを終えるまでには時間がかかり，支援者が期待する通りには進みません。「嫌なことに対してひきこもる」というひきこもり者の自衛戦略は，支援者にとっては非常に手強いものです。社会へ出るまでに，前進と後退を何度繰り返すことでしょう。社会適応を徐々に促すことが著効する場合はそれで良いでしょう。しかし，支援者がイライラしたり，ひきこもり者の内面で何らかの抵抗が生じたりしている場合は，そのタイミングではないかもしれません。彼らは「無の時間」へ退却したい衝動を抱えているからです。

　物理的な時間は確実に進行していきます。その経過と共に，何らか

のきっかけは必ず訪れます。沈黙が続くことは構わないと思います。ひきこもり者の生活の中に，彼らの時間の中に，情緒的に関わる相手として確かに存在すること。「無の時間」にいるひきこもり者の心を軽くノックすることはできるでしょうか。「非日常」の場にいるひきこもり者の心には，生き生きとした体験も含まれているでしょうか。私は，「無の時間」から「非日常」へ向かう線上に，ひきこもり支援の困難と本質があると考えています。

第 3 章

全てのものはところてんだ！

―ひきこもりの "普通" 考

「全てのものはところてんだ！」というのは，本章でインタビューを
したひきこもり者の C 氏の言葉です。これを読んでも，何のことを言
っているのか全く分からないでしょうけれど，本章を読み終えるとこ
の意味が分かると思います。C 氏の主張を代弁すると，次のようにな
ります。

　「ところてんは，それが作られる型によってさまざまな形になります。
　僕たちが普段見ているものは，このいかようにも形を変えて出てくる『と
　ころてん』に過ぎないんですよ。それは，格好良く整った形のときもあれ
　ば，グロテスクで恐怖を感じさせる形のときもあるかもしれない。僕たち
　は，それを見て一喜一憂しているだけです。そんなのは馬鹿げてないです
　か？　だって，中身はどれも同じところてんですよ。僕は，そのことによ
　うやく気づいたんです…」

ひきこもっていた頃，C 氏は「普通になりたい」と思っていました。
自分のことを「普通じゃない」と思っていたのですね。その C 氏は，
今はこう言います。

初出情報：本章は，板東充彦・高松里（2021）："普通"へのとらわれから自由に
なったひきこもり者の一事例―三者往復インタビュー法による調査. 跡見学園女
子大学附属心理教育相談所紀要，17; 21-34. に加筆修正したものです。

「今でも自分は『普通じゃない』と思っているけど，このままでいい」
「存在しているだけで十分なんですよ」

1．ひきこもり者の回復

　厚生労働省による『ひきこもりの評価・支援に関するガイドライン』によると，ひきこもり支援は「出会い・評価段階」「個人的支援段階」「中間的・過渡的な集団との再会段階」「社会参加の試行段階」と段階的に描かれています（齊藤，2010）。徐々に社会参加に向かうというもので，支援者にも当事者にもおおむね共有されているイメージでしょう。このモデルでは，最終的な到達点は就労になります。

　この過程で必要とされていることはさまざまあります。先達者の知見を若干紹介します。

　川北（2014）は，「自己否定感の緩和」「価値観の拡張と役割の獲得」「トラブルと修復の経験」を挙げています。斎藤ら（2017）は，自らの変化の希望を抱けるスタッフとの関わりや，悩みを共有できる仲間との関係の重要性を指摘しています。森崎（2012）は，ひきこもり状態が変化するきっかけとして「外の世界に魅力を感じること」「家庭以外の第三者との関係」を挙げています。

　これらに共通しているのは，他者との関わりが社会経験となり，それが徐々に蓄積され，自己肯定感や自信が高まっていく過程です。

　佐藤（2018）はこれらを，「社会参加に向けた支援」と「当事者の内面に目を向け，当事者の価値観や葛藤を重視する支援」という2つの方向性に整理しました。このうち後者は，「価値観」と共に「アイデンティティ」がキーワードとなります。自分はどうあるべきか，どう生きていきたいのかを探ることです。

　社会で望まれる人生の価値観は，終戦後しばらくは「一つ」でした。有り体に言えば，「就職し，結婚し，立派な大人になる」というものです。他方，現代社会ではアイデンティティの多元化が進み，かつての

ように社会の価値観は一つではなく，多様な生き方が受け入れられています。

　しかし，ひきこもり者及びその家族，そして支援者の多くは，旧来の価値観にとらわれています。さらに，この価値観というものは身体に染みついているので，自分がどのような価値観に覆われているのか，しっかり捉えている人はむしろ稀なのです。伊藤（2015）も，現代ではさまざまな生き方が認められたようでいて，ステレオタイプの「就職→結婚→立派な大人」という価値観は未だ根強く人々を縛っていると言います。

　ひきこもり者はこのような既存の社会規範に苦しんでいて，回復のためには，そこから距離を置いた新たなアイデンティティの獲得が重要になります。「"ひきこもる"アイデンティティの獲得」（淡野，2004），「とらわれからの解放」（草野，2010）とも言われます。そのために，社会的規範や常識へのとらわれから脱している支援者／キーパーソンとの出会いが大きな役割を果たします。

　これらの知見から，ひきこもりからの回復には，社会適応への階段を徐々に上っていく過程のみならず，新しいアイデンティティを手に入れることが大事であることが分かります。自分らしい価値観や生き方を探すことです。

　本章では，私が運営したサポート・グループで知り合ったC氏へのインタビューをもとに，この点を考えます。C氏は，10年間のひきこもり生活の後，X年にサポート・グループを訪れました。C氏は，半生において大変苦しい体験を重ねた後，劇的な世界観の変化を遂げました。

2．C氏について

　C氏の家族構成と経緯を紹介します。ただし，人物が特定される可能性に配慮して，具体的な内容については適宜修正しています。

（1）家族構成

　C氏：30代後半男性。母：70代，C氏と同居。弟：30代前半，独居。

（2）経緯

　C氏は小学生の頃から内気な性格で，中学・高校ではいじめを受けることがありました。高校で不登校になり，その後退学します。10代後半，酒乱で暴力的だった父が離婚をして家を出た後，半年間空手道場に通います。友人はいなくて，しばらくは新聞配達をしましたが，定職に就くことはできませんでした。X−10年頃から，漫画家を目指して絵を描いたりネット・サーフィンをしたりという，人との関わりをもたない生活を続けました。X−7年にはパン屋でのアルバイトに挑戦しましたが，上司から「とろい」と叱責を受けることが続いて，1カ月で退社します。X−2年には，体力をつけようと市民プールに通うようになりました。自治体主催の水泳大会出場を目指して熱心にトレーニングを続けますが，その経過の中で，相手に後遺症の残る大怪我を負わせる事故を起こしてしまいます。X年1月,「今の状態から抜け出したい」と，私が運営するサポート・グループを訪れました。

　X年2月には事務のアルバイトを始めますが，職場になじめず，仕事の要領も悪くてよく叱責を受け，非常に苦労しました。C氏はサポート・グループに欠かさず参加して，この場所を支えとして勤務を続けました。

　その後，サポート・グループ女性スタッフのDさんが，事情により他の女性スタッフに交代することになりました。C氏は「Dさんに渡しそびれたものがあるので，直接手渡したい」と私に言いました。私たちスタッフは検討し，グループの構造を守ることを優先し，〈以前のスタッフ（Dさん）に会うことはできない〉とC氏に伝えました。C氏は「直接手渡したい」と言って引き下がらず，サポート・グループ終了後に3時間，私たちに対して懇願を続けました。C氏は頑なな態

度を続け、「何で俺ばっかりこんなにつらい思いをしなくちゃならないんだ‼　こんな世の中生きてて何の意味があるんだよ‼」と大きな声で叫びました。最終的には、新しい女性スタッフが「ひきこもりに戻ってもいいですよ」と共感的に伝えたことで、Ｃ氏の気持ちは治まりました。

　それからしばらく、Ｃ氏はサポート・グループへの参加を中断します。しかし、その１年後、３年後に、思いつめた表情で何度かサポート・グループを訪れました。この間も、前述の事故の賠償金をめぐる交渉が続いていました。一方で、資格取得のために専門学校への通学を始めました。この頃、家庭でも大きな事件（未確認）があり、心労が重なります。Ｘ＋７年には、クリーニング工場でのアルバイトを週２日するようになりました。しかし、当時のＣ氏はこれを「社会の最底辺の仕事」と捉えていて、心が晴れることはありませんでした。

　Ｃ氏は、卒業後も関わりが続いていた専門学校の先生にすがりつき、救いを求めます。先生は、当初は「私に任せなさい」と頼りになる印象でした。でも最後には、「私には何もできない」と言われてしまいます。Ｃ氏は、突き放されたように感じ、絶望感を抱きます。Ｃ氏にとっては、裏切られ、見捨てられた経験となりました。

　この時、クリーニング工場の無機質な事務所で、偶然手に取った『星の王子さま』を読んだことが重要な転機となりました。これをきっかけの一つとして、Ｃ氏はそれまでと全く別の世界観を得ていくことになります。「幸も不幸もないのだ」という悟りのような境地で、ひきこもりを受容する新たな世界観でした。

　アルバイト先では、真面目な仕事ぶりが評価され、会社から正社員になることの打診を受けました。しかし、Ｃ氏は検討した後にその誘いを断り、週２日勤務を継続して現在に至ります。

　サポート・グループへは、Ｘ＋６年に再訪した後、グループが閉じられるまで継続参加を続けました。この間、女性スタッフは交代しましたが、男性スタッフ（私）はサポート・グループを通してＣ氏との

関わりを続けました。

3．C氏へのインタビュー

（1）C氏の独自性

　C氏の言う「普通になりたい」とは，ひきこもり者から頻繁に聞かれる言葉です（林，2003等）。ひきこもりではない人たちからも，同様の声をしばしば聞くことがあります。"普通"とは，「ごくありふれていて，当たり前であること」です。「普通になりたい」とは，ありふれている，平均的な特徴をもっている方が社会で生きていきやすい，という感覚のことです。

　こう感じる前提には，"普通"のイメージが社会で共有されている，という状況があります。私たちは「普通の人」というイメージをもっていて，かつてのC氏の中にもその感覚がしっかりと根づいていたのです。

　岡部ら（2012）はこれを「"普通"への囚われ」と表現しました。「普通であらねばならない」という感覚に縛られて苦しんでいる様子を表しています。そして，「"普通"と折り合いをつける」ことをひきこもり者の回復のプロセスに位置づけました。

　C氏も，このプロセスをたどった一人として捉えることができますが，C氏独自の特徴として次の5点を指摘できそうです。

　　①　「人生のどん底」を繰り返し味わった強烈な体験
　　②　ひきこもり時のC氏と現在のC氏の世界観が明瞭に異なること
　　③　新しく獲得した，現在のC氏の世界観の独自性の高さ
　　④　現在のC氏の世界観が安定していること
　　⑤　これらを言葉にして説明できるC氏の能力

　本章では，C氏に対するインタビューを通して，ひきこもり者の"普通"について考えます。インタビューのねらいは次の2点です。①C

氏の世界観の変遷をなるべく正しく捉えること。②"普通"へのとらわれから自由になる可能性について，C氏の視点をもとに考えること。

（2）インタビューの方法

　関心のある方のために，C氏に対してどのようにインタビューを行ったかという点を簡単に述べます。より詳しくは，この章の基となっている論文（板東・高松，2021）をご覧ください。

　伝統的なインタビューの手法では，聞き手は相手の話を聴くことに徹しますが，それは話し手が語ることをよく分かっている場合です。しかし，C氏がこの体験を自分の頭の中で整理して説明するのは難し

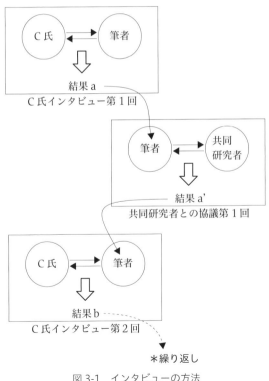

図 3-1　インタビューの方法

いだろう，と考えました。そこで，聞き手である私もC氏との対話に参加しながら一緒に捉えていくようにしました。そして，最終的にC氏が「確かに，このように説明できそうだ」と腑に落ちるまで，対話を重ねました。

　ただ，対話によって私の主観が強く影響してしまうことを避けるために，図3-1のように「共同研究者」を設定しました。通常のインタビューであれば，左上の「C氏インタビュー第1回」で終わるところです。しかしこの研究では，その結果aを私が「共同研究者との協議第1回」に持ち帰り，その協議の結果a'を再び「C氏インタビュー第2回」に持参し……ということを繰り返しました。三者が納得するところまで，結果として計4往復この作業を行い，C氏へのインタビュー時間は合計7時間20分となりました。

4．C氏の世界観の変遷

　では，インタビューの結果を記します。この第4節と第5節の記述は，C氏と何度も確認して修正したもので，C氏の感覚に間違いありません。

　丸ゴチックフォントの部分がC氏と確認した結果で，その後の記述は私の感想・考察です。

（1）ひきこもり時のC氏の世界観

　① くそったれな日々

　　一般常識に照らした"普通"へのこだわりがあったが，自分のスペックがそれに全然はまらなかった。「俺はダメだ」という烙印を勝手に押して，「くそったれな日々」だと感じていた。

　② 自分を変えたい

　　「こうしなければならない」「こうするべき」ということにがんじがらめになっていた。ひきこもっている自分はダメな自分だから，そこから脱出しなければならない。「自分を変えたい」という思考。でも，どれも意味

をなさなかったりとんでもない失敗に終わったりした。自分自身を含めた生活の環境・状況が変われば幸せになれる，と思っていた。

　……「くそったれな日々」というのはC氏らしい言い方ですが，ひきこもり者の心情をよく表しています。社会から来るのか，自分の中から来るのか，「到達しなければならない」状態がここに設定されています。そこに到達できていない自分を「俺はダメだ」と責めているのです。

　「自分を変えたい」という思考がこれに直結している，とC氏は説明します。現状を否定し，「ここから変わらなければならない。でも，変えることができない」と苦しんでいる様子が伝わってきます。

（2）底をついたときの体験

① 全面降伏

　ひきこもりから脱するために努力を重ねたけど自分の思う通りに行かず，失敗ばかりが重なった。大きな絶望みたいなもので満たされて，「風船がパンパンに膨らんだ状態」になった。その頃に通っていた学校の先生に最後の期待を寄せて全てをさらけ出し，助けを求めた。まさに全面降伏であった。しかし，最終的には「俺からできることは何もない」ということを先生から言われ，裏切られたような，見捨てられたような感じがした。「犬が降伏してお腹を向けた状態で，ドカッと（蹴られたような）……」「カーンと針で刺されたような」経験で，とてもつらかった。上に引き上げてもらいたかったのに，それは叶わずにバリッと下に破られたような感じだった。

② 風船の外にも世界があった

　その頃，社会の最底辺の仕事だと思っていたクリーニング工場でのアルバイトをしていた。その地下の休憩所で『星の王子さま』の「大事なものは心で見よ」という一節を読んだとき，「衝撃がブワッて」来た。そのときに眼鏡がガラッと変わって「自分でものを考えていいんだ」という感動

があった。呪い，憎しみ，罪悪感などの感情が消えた。風船の世界が全て
だと思っていたのに，風船が割れた後にも世界は広がっていて，そこもま
た自分だった。いわば眼鏡が外れた状態。恐れていた地獄や底なんて初め
から存在しなかった。足りないものなんて最初からなかった。そこから世
界観が変わった。

　……ひきこもり時のC氏の世界観は，その後劇的に変化をします。
　嫌というほどつらい出来事を経験して「これ以上の下はない。行きつ
くところまで行きついた」と人生のどん底を味わうという意味の「底
つき体験」という言葉があります。これが回復のきっかけになること
があります（後ほど詳しく検討します）。
　この「底つき体験」を言葉にして説明するのは大変難しいです。でも，C氏は分かりやすいたとえを使って精一杯考え，説明してくれました。「風船がパンパンに膨らんだ状態」というたとえで，もう割れてしまいそうなくらいしんどくて怖い，だけど割れずにまだ空気が入っていく（さらにつらくなる），というイメージです。耐久性のある強いゴムの風船ほど，圧力がずっとかかり続けてつらいでしょう。
　そして，その風船がパーンと割れてしまいます。C氏は，風船の中が「世界」だと信じていて，風船が割れたら世界が終わると思っていました（そういう場所に住んでいました）。しかし，絶望と共に風船が割れてしまった後で，その外側にも世界が広がっていることを発見したのです。
　C氏は「感情が消えた」と言います。一旦，「ネガティブな感情を感じなくなった」という意味で捉えて良いでしょう。新たな世界に到達して，楽になったのです。「自分と世界の再発見」と言っても良いかもしれません。「足りないものなんて最初からなかったんだ」という，認識の転換が起こっています。
　このような転換がなぜ起こったのか，というのが知りたいポイントの一つです。しかし，これを明示し，他の人がC氏と同様の道をなぞ

ることはできないでしょう。C 氏の「風船が割れる」までの過程を意図的に起こすことはできません。底つき体験は言葉にできない，というのはこの意味です。でも，C 氏と共にこのことを考えたい，というのがこのインタビューの意図です。

　このことは後に改めて考察しますが，その前に，C 氏がたどり着いた新たな世界観を次に記します。

（3）現在の C 氏の世界観
　①　目玉で見る風景
　　それまで自分が見てきていた世界は「眼鏡で見る風景」だった。全ての人は眼鏡をかけて世界を見ていて，それに一喜一憂する。でも，それを可能にしているのは誰もがもっている目玉であり，眼鏡を外して見る世界を「目玉で見る風景」と呼んでいる。純粋に「目玉で見る風景」はただの風景であって，そこには喜びもなければ，苦痛もない。その意味で，「眼鏡で見る風景」は全て答えもどきであり，その視点で見る自分は嘘の自分である。これがレッテル張りである。

　　では，本当の答えはどこにあるかと問うと，コインにたとえるなら，コインの表・裏ではなくコインの素材そのものである。菓子にたとえるなら，菓子そのものである。それなのに，多くの人は答えもどきであるおまけに一喜一憂する。お菓子があるから，おまけも存在できるのであって，その逆ではない。人であれば，たとえば立派な職に就こうが就かなかろうが，それはおまけに過ぎない。その人自身が本体（＝本当の答え）であって，その人であること自体が素敵なことである。

　②　思考がドラマを作る
　　山にたとえるなら，「山がある」というのが正しい説明である。山があるから「ふもと」や「頂上」が存在できるのだが，人が強く認識しているのは，ふもとにいる自分・頂上へ向かって頑張って登山する自分である。「山がある」という事実があるだけなのに，ふもとや頂上を認識させているものは思考である。「山がある」だけだとつまらないから，人は思

考を働かせてドラマを作る。ここに喜びや苦痛が発生する。たとえば，歯磨きは全くドラマにならない。でも，ひきこもりはドラマにして苦しむ。本当は歯磨きもひきこもりも同じなのに，思考がひきこもりというドラマを作り出しているのである。この山を俯瞰して捉える「目玉で見る風景」の視点を獲得すると，そのドラマに一喜一憂して振り回されている人は可哀そうな感じがする。ただし，ドラマを楽しんだり苦しんだりするのは，人間として当たり前のことである。

③　幸も不幸もない

　人は，コインの表を「幸せ」と呼ぶけれど，それはかりそめの安心でしかない。なぜなら，ひっくり返って裏になればたちまち不安になって「不幸せ」と感じるから。そうではなく，表になろうが裏になろうがコインの素材そのものは何も変わらず，コインである。つまり，コインそのものに絶対的な安心があり，その前提のもとに表と裏がある。だから，幸も不幸もない。そこに言葉を当てるなら「穏やか」である。自分も，友人とお酒を飲んで楽しんだり，好きな女の子が遠くへ行くと知って動揺したり，腹を立てたり落ち込んだりする。でも，一方でこの風景が幻のようなものだということも分かっているので，それはただ落ち込んでいるだけのことである。従って，それに対してどうこうしようということにはならない。

　……C氏はたとえ話が上手ですね。私からの説明は必要ないくらい分かりやすいのですが，まとめると次のようになるでしょうか。

　私たちは「眼鏡」を通して世界を見ている，というのがC氏の気づきです。油断すると，たちまち「眼鏡」をかけた状態になってしまいます。それくらい，「眼鏡」は体の一部のようになっていて，簡単には取り外せないのです（これを「価値観」や「認知」と呼んでも良いでしょう）。この眼鏡によって，私たちは一喜一憂しているのです。喜怒哀楽からなる「ドラマ」もここに生じます。

　そうではない，「ただの世界」があるのだとC氏は言います。それが「（眼鏡を外した）目玉で見る世界」です。そこはただ事実だけがあ

る世界で，事実そのものだと。ひきこもっている状態は，単なる事実にすぎない。そこに，ひきこもり者は眼鏡をかけ，勝手に苦しみを作り出しているのだとC氏は言います。

5.“普通”へのとらわれから自由になる可能性

以上のようなC氏の世界観の変遷をふまえて，「“普通”へのとらわれから自由になる可能性」に関するC氏の視点を次に記します。これも，インタビューを通してまとめたものです。

① 経験のある人にしか伝わらない

今までの経験上，自分の世界観を話して伝わるのは，「変人」か，我が薄れてきている年配の人，つまりは何らかの類似した経験のある人に限られる。人生のどん底を味わう体験は，気づきの可能性を高める。ただし，命の保障はない。かつての自分，あるいは現在ひきこもりで苦しんでいる人にこの世界観を伝えても，「はあ？」という反応が返ってくるだけで絶対に伝わらない。いわゆる“普通”の99％以上の人には伝わらない。

② 「可能性」ですらない／方法論の否定

躍起になって探しているのとは全く別のところに，最初から答えはある。僕らはみんな目玉をもっていて，眼鏡の存在に気づいて外せばいい，というとても簡単なこと。その意味では，みんな最初からもっているので，「可能性」ですらないと言える。可能性を探る行為が，方法論にとらわれている証拠。この気づきが生まれるのは偶然の産物であって，そのための方法はないだろう。だから，「方法論の否定」と言うことができる。

③ ひきこもりもすでに“普通”である

たとえば仏陀を「悟った人」と捉えるなら，自分は煩悩にまみれていて，全く中途半端な立ち位置にいる。でも，それで構わない。ひきこもっていた頃の自分でも構わない。苦しみも含めて，五感を通していろいろ見えている状態が「生きている」ということで，それがすなわち“普通”の状態。「生きているだけで丸儲け」という言葉があるけど，自分に言わせれば「死んでいても丸儲け」である。五感という眼鏡を通さない「目玉

で見る風景」は常にあるのだから，その事実だけで十分。だから，中途半端でもいいしひきこもりでもいいという意味で，それを「可能性」と言ってもいい。

……C氏は，「この世界観は，他の人には絶対に伝わらない」と言います。これはC氏の体験から得た感触で，この「穏やかな境地」は他の人との共有が難しいのです。ただし，一方では「類似した経験のある人には伝わる」とも言ってくれました。「時折伝わる人もいる」と言い，その人を「変人」と呼んでいます。私もその一人にカウントしてくれているようです。

　私はカウンセラーとして，C氏の体験を他のひきこもり者への支援に生かしたいと考えます。しかし，C氏によれば，「支援する（＝支援したい）」も欲であって，眼鏡のなせる業です。そのため，C氏の世界観からは，「誰かを支援する」ということが出てきません。支援などしなくても，私たち全員がすでにもっているのだから，というのがC氏の説明です。だから，支援の可能性を探ろうとする私との話は平行線をたどりました。C氏の答えは，「可能性ですらないですよ」というものでした。

　C氏の新しい世界観では，"普通"ということの意味が全く違うものになっています。その世界観における"普通"とは，「ただの世界」がある状態を指しています。「それがただある」のが"普通"の状態なのだから，"普通"は常に私と共にあります。従って，ひきこもりは「ただひきこもっているだけ」であって，「ひきこもりも"普通"である」という結論になります。

　私は，C氏を仏陀のように感じながら話を聴いていたのですが，穏やかな世界観を語りつつも，同時に「煩悩にまみれている」というのが面白いところです。そして，大きな救いだと思います。C氏は冗談もよく言いますし，喜怒哀楽もあり，他者への思いやりもしっかりあります。しかし，紆余曲折を経て，内面にはこのような世界観が形成

されたのです。

6．C氏の世界観と回復過程

　以上のようなC氏の世界観の変遷を踏まえて，考察を続けます。

　C氏が経験した苦難は，想像を遥かに超えて大変なものでした。そのC氏の世界観が大きく変わったきっかけは，アルバイト先の無機質な事務所で『星の王子さま』を読んだことでした。前後して，インターネットを通じて『般若心経』も読んだようです。

　私たちがこれらの書籍を読むことの意味はあります。しかし，読んで納得はできても，C氏の世界観に到達できるとは思えません。C氏も，違うタイミングで『星の王子さま』を読んでも世界観が変わるきっかけにはならなかったでしょう。C氏もそのことをよく分かっているので，「他の人には，絶対に伝わらない」と言うのです。

　先ほど紹介した「底つき体験」とは，アルコール依存症者の回復過程に関して言及されるようになった概念です。度重なる飲酒によって仕事も財産も家族も失い，人生のどん底を嫌というほど経験することを指します（稗田，2017）。

　アルコホリック・アノニマス（以下，AA）という，アルコール依存症者たちのセルフヘルプ・グループ（以下，SHG）があります。彼らが出版している本には，アルコール依存症者たちの事例がたくさん紹介されています（Alcoholics Anonymous World Service Inc.,1979/2001）。彼らがたどり着いた境地は，アルコールのコントロールに失敗してきた自身の無力さを受け入れる，というものです。そして，自身の生き方を「神」に委ねます。

　日本では，このようなキリスト教的「神」は登場しませんが，「自分で何とかしようとあくせくしてきたけれども，事態はどんどん悪くなる」ことから諦めの境地に至り，それまでの世界観がひっくり返されることがあります。これを「底つき」という言葉で捉え，C氏の体験を説明する概念としたいと思います。

　C氏は，風船が「バリッと下に破られたような」体験をするまで，「風船」の内部が全世界であると認識していました。C氏によれば，私たちはほぼ全員，このように世界を捉えています。しかし，苦悩の末に，その認識自体が間違っていることにC氏は気づきました。

　「神」を発見して世界観が変わる体験は，宗教用語では「回心」と言われ，この現象の心理学的研究もあります（James, 1901-1902／1969）。C氏の経験をこのような「霊的体験」として捉えることもできるかもしれませんが，C氏は「神」を認識したわけではありません。C氏は「煩悩にまみれていて，全く中途半端な立ち位置にいる」と言っています。誰もがもっている欲求を抱え，世俗的な事柄に一喜一憂するのは，以前のままです。世俗的な欲求を抱えたC氏の存在はそのままに，同時にそれを俯瞰する視点を得たのです。

　C氏の新たな世界観によって，ひきこもりは単なる事実であって"普通"の状態だと捉え直されました。C氏は現在でも，正社員にならず，恋愛も成就していません。しかし，"普通"だと言います。かつて「自分は普通じゃない。普通になりたい」ともがき苦しんでいたC氏は，社会的状況はそれほど変わらないのに，穏やかな生活を送っています。

　C氏は，「"普通"と折り合いをつけた」のではありません。むしろ「突き抜けた」という表現が適切でしょう。"普通"の意味が全く変わってしまったのです。

7．ひきこもり支援の可能性

　さて，C氏の世界観には反するのですが，私は支援者として，最後に支援の可能性について考えたいと思います。インタビューでも，C氏は自分の世界観を崩さない形で，一緒に考えてくれました。

　C氏の結論は，ひきこもりはすでに"普通"なのだからそのままで構わない，というものです。従って，C氏の世界観からは「支援」という発想が出てきません。

　これに近いのは，隠遁生活者の世界観です。たとえば，中国明代の洪自誠は次のように述べています。

　　濃い酒や肥えた肉，辛いものや甘いものなど，すべて濃厚な味の類は，ほんものの味ではない。ほんものの味というものは，(水や空気のように)ただ淡白な味のものである。…至人というものは，ただ世間並みに尋常な人である。(今井訳注，1975，p31)
　　人生における幸いは，何よりもできごとが少ないことほど幸いなことはない。(同，p72)
　　心はいつも空虚にしておかねばならぬ。空虚であれば，道理が自然に入ってくる。また，心はいつも充実しておかねばならぬ。充実しておれば，物欲がはいる余地はない。(同，p96)
　　物欲にとらわれ縛られると，(日夜あくせくして)，この人生がうら悲しく思われるが，しかし，自然の本性に安んじていると，(悠々自適して)この人生が楽しく思われる。(同，p303)

　この『菜根譚』という随筆には，人と交わらず，究極的に欲求を抑えた生活の静謐さが描かれています。世の事実をそのまま受け止めて良し（というより，良いも悪いもない）とするC氏の世界観に通じるものがあります。
　しかし，C氏は山奥に一人で暮らしているわけではありません。アルバイト先やサポート・グループなどで人と関わり，苦悩しているひきこもり者を気にかける心ももっています。洪自誠のような隠遁生活者は現代人の生活の見本にはなりにくいですが，C氏の生活は現代的で身近ですし，ここにひきこもり者の連帯の可能性も感じられます。
　以下，C氏のインタビューを受けながら，ひきこもり支援の手がかりについて考察します。

（1）類似した経験のある人には伝わる

　前述の AA では，高・中・低の底つき体験をしたアルコール依存症者たちが価値観の共有を行っています。一方，ひきこもりの SHG は，社会参加に至る一段階として位置づけられています（齊藤，2010）。私は，社会参加へ向かう支援をもちろん否定しませんし，現代社会を生きるに当たって社会参加は必要であり，楽しみでもあると思っています。しかし，この根底に「就職し，結婚し，立派な大人になる」という価値観が存在することも否定できないように思います。私たちは無自覚に，これを達成できた人を良しとし，達成できずにいる人を低く見ることがないでしょうか。

　近年では，石川（2007）による「実存」を問う支援のあり方の模索や，ひきこもり当事者が発言する機会が増えているという社会情勢の変化も見られます。これらは，今まで暗黙の前提とされていた価値観を問い直す動きとして捉えることができます。C 氏のようにこの世界観を明確に捉えて説明できる人は少ないと思われますが，C 氏の言う「類似した経験のある人」は，実は結構いるはずです。人知れず社会適応へ向けた努力を続けている人たちの中に，C 氏と類似した世界観を共有する根のようなものをもっている人がきっといるでしょう。

　ひきこもりの SHG は社会参加が目指されていると先ほど述べましたが，全ての SHG がそうではないでしょう。個人がさまざまであるように，SHG もさまざまです。AA は，アルコール依存症者たちにとっての回復の価値観を共有する方法論を確立させて，その場作りに成功しました。ひきこもりの SHG も，世界観を問い直す場として機能して，"普通"の捉え直しが進む可能性があるでしょう。

（2）支援のあり方

　私はサポート・グループで C 氏に会いましたが，もし私がひきこもり時の C 氏に対してカウンセリングを行うとしたら，認知行動療法などを用いて C 氏の認知（考え方）を変えようとしたことでしょう。そ

れによって，より安全に少しずつC氏の世界観を変えられたかもしれません。しかし，カウンセリングには現実的要請もあり，クライエントの経済的余裕も必要ですし，一定期間で結果を出すよう求められることもあります。長期にわたって定期的な個人カウンセリングを行うには，いくつかの条件がそろう必要があります。

　看護や福祉等の現場では，フリースペースや相談窓口業務等を通じた支援を行う場合が多いでしょう。その場合，世界観を問い直すためには，支援者は前述の草野（2010）の言う「脱とらわれの人」，あるいはC氏の言う「変人」として，現代社会の支配的な価値観から距離を置いた存在であることが重要です。しかし，言うは易く行うは難しです。私は，C氏のインタビューをしている時期に，社会的な階層をなかなか上れない自分をふがいなく感じることが何度もありました。時間をかけてC氏の世界観を聴いても，現代社会の価値観を携えた自分の心が自動的に反応してしまうことに抗うことはできなかったのです。その度に，「C氏には敵わない」と思いました。

　生活の蓄積によって築き上げられた世界観がこれほど確固としたものなら，支援の現場においても，その世界観をひきこもり者に押しつけようとしていることは明白です。押しつけるという意識はなくても，支援者という力のある立場で，かつ無自覚であることのリスクがあります。個人カウンセリングの場面では，「C氏には敵わない」という感覚が生じることは稀です。支援者は，心のどこかで自分を上に見ているのでしょう。そして，自己肯定感の低いひきこもり者が，支援者が抱いている前提に対抗することはほぼ不可能です。

　今回のインタビューでは，共同研究者の存在も重要でした。共同研究者は，「支援する」という前提を問い直すことができる人でした。数回行った協議によって，以上のような点を繰り返し確認することができました。

　C氏の世界観を突き詰めると，「支援」の意味がなくなり，対人援助職の存在意義が消えてしまいます。支援者としては，自分の存在基盤

が失われるのは恐ろしいことなので，できれば目を背けたいテーマです。よって立つ前提を崩されると困るからです。しかし，C氏のような世界観の存在を目の当たりにすると，この穏やかな世界のあり方を否定することはできません。それこそ，支援者の前提を覆す行為のような気がします。

　自身を脅かすことに対して必死に抵抗するのは世の常ですが，支援者がこれを実践しようとするときは，信用できる第三者の力を借りることが有効でしょう。心理臨床家には，スーパーバイズの仕組みがあります。自分の心理支援について，ベテランの心理臨床家に相談し，客観的立場からコメントをもらうのです。このスーパーバイザーもまた，自分自身を第三者の目線で振り返る必要がありますが，この作業がうまくいけば，既存の価値観へのとらわれから距離を置くことができます。

　支援者は，普段は意識に上らない前提をもとに，支援を行なっています。C氏は，その前提の外側に新たな世界を見出したのです。つまり，支援者は自分のもつ前提を振り返る機会をもたないと，相手を規定の枠にはめて苦しめる可能性がある，ということです。

　しかし，そもそも支援とは一体何なのでしょうか。

　C氏の体験とインタビューでの率直な語りは，一生かけても答えが出ないような問いを私に投げかけてくれました。私がC氏の世界観にたどり着くことを，C氏は求めていないでしょう。私たちが一般的な世界観で暮らすのも，全く構いません。ただ，C氏の世界観が存在することを知ることができたのは大変貴重なことでした。

　本章の考察は以上に留まりますが，C氏の過酷な半生と，それを通してたどり着いた世界観から学べることはまだまだたくさんありそうです。第3部で検討する「支援とは何か」というテーマは，C氏が投げかけてくれたものに対する私の応答を含んでいます。

第2部　ひきこもりの支援

＊　　　　＊　　　　＊

　私は個人カウンセリングでもひきこもりの方たちに多くお会いしてきましたが，自分に特有の経験は，10年以上にわたって地域で実践したサポート・グループでの出会いです。

　「第2部　ひきこもりの支援」では，私が実践したサポート・グループを取り上げて論じます。臨床心理学の分野では「グループ・アプローチ」の一環として位置づけられますが，一口にグループ・アプローチと言っても，さまざまな目的と方法論があります。精神科で行うグループ，学校で行うグループ，地域で行うグループでは，ねらいと構造が異なります。

　第4章では，私がどのようなことを考えてグループを設定し，実践したかについて説明します。第5章では，実践を通して得られた対応の工夫などを紹介します。それらを受けて第6章では，「ひきこもり支援のポイント」としてより一般的に指摘できそうなことをまとめてお伝えします。

　臨床心理学のベテランである某先生は，「心理臨床は，個人カウンセリングより，グループ・アプローチが基本」と言います。そのように言う理由は，面接室において一対一で会う場面というのは特殊な設定であり，日常的には集団で関わる場面がほとんどだからです。

　私は，個人カウンセリングを長年してきましたし，その仕事の有効性をよく知っています。でも，グループ・アプローチを通した理解と関わりの視点はより現実的なものであり，また個人カウンセリングを行う際にも大いに役立つものです。従って，ひきこもり者のグループ・アプローチを実践する方はもちろんですが，グループ以外でひきこもり支援に携わる方にもぜひ読んでいただきたいと思います。

　続く第7章と第8章では，ひきこもり支援に必須の技法である家庭訪問と親面接について考察します。

ひきこもり支援の枠組み

——サポート・グループの実践より

　本章では「支援の枠組み」について考えます。「支援の構造」とも言います。一般の人たちは，この「枠組み」についてあまり考えないでしょう。多くの人は，支援とは「相手をどのように理解して，どう関わるか」ということだとイメージしているでしょう。

　しかし，「支援を行う場」がどうなっているのか，ということは非常に重要です。個人カウンセリングは，防音の利いた面接室を用意し，対象者の方に会う時間を定めて，一定の取り決めのもとで実施されます。これらが全て「場の構造」を形作ります。

　友人の悩みを聴こうとするときも，他の人に聞かれず落ち着ける場所を選んだり，時間的にも余裕があるときを選んだりするでしょう。電車の中では，込み入った悩みの相談を受けることは難しいです。これが支援の場で，重大な問題を抱えている対象者ほど，この場を丁寧に準備する必要があります。

　第 2 部ではサポート・グループの紹介をしますが，本章ではこれを通してひきこもり支援の枠組みについて考えます。

　まず，サポート・グループ設立の経緯を述べます。支援の場は全て，「初めからある」ものではありません。誰かが，何らかの意図をもって

初出情報：本章は，板東充彦（2009）地域におけるひきこもり者のサポート・グループを展開して．In 高松里編（2009）サポート・グループの実践と展開．金剛出版．に加筆修正したものです。

作ったものです。そこには経緯（歴史）があります。支援現場で,「これ，何でこんな仕組みになっているんだ？」と思うことはありませんか。そう思ったことがなければ，かえってまずいでしょう。支援の場は，先人達の知の結集であり，現実的要請がそれに折り重なって作られています。

　本サポート・グループは，設立から閉鎖に至るまで私が中心的に行っていましたので，それを提示することができます。設立の経緯から振り返ることで，それが支援の場作りにどう影響しているか，また再検討するべき余地はどの点にありそうかを考えるきっかけにしたいと思います。

1. 設立の経緯

　カウンセラーを目指すようになった頃，私は対人恐怖症に関心がありました。また，セルフヘルプ・グループ（以下，SHG）に関心がありました。SHGとは，専門家がいないところで，悩みを抱えた人たちが集まり，お互いに支え合うグループです。「自助グループ」とも言い，たとえばアルコール依存症者のSHG，自死遺族のSHG，パニック症のSHG，不登校の親の会などがあります。

　当時，私は対人恐怖症のSHGを探したのですが，見つかりませんでした。どうも，対人恐怖症の人たちは自分たちでグループを作らない（！）ようなのです。しかし，ひきこもりのSHGは結構たくさん見つかりました。対人恐怖症と比べると，ひきこもりの層は広く，いろんなタイプの人たちがいて，中にはリーダーシップを発揮して集団を組織する人がいるのでしょう。そこで私は，合計10カ所ほど，ひきこもりのSHGを見学させていただきました。

　ひきこもりのSHGがどのようなものか,想像しづらい方もいるかと思います。もちろん，さまざまな雰囲気のSHGがあるのですが，読者の皆さんが想像するよりも活発で元気な印象があります。SHGは,同じ悩みを抱えた人たちが集まりますので,居心地が良いのです。「私

だけではない」と感じて，心の中で盛り上がることもあります。そして，「本当は人と関わりたい」と思っているひきこもりの方たちは，仲間に会えて嬉しくなり，元気になるのです。これは SHG の効果です。

　私が見学に行ったいくつかの SHG も結構活発でしたが，ある SHG はまるで「合コン」会場のようでした。洒落た喫茶店のような場所に，30 人くらいの「ひきこもり」の人がいたでしょうか。若い男女がワイワイやっていて，とても「ひきこもり」には見えませんでした。しかし，彼らは恐らく，違った場所で違った人たちの輪に入ると，途端に不適応を起こして孤立するのでしょう。

　しかし，その場ではそう見えませんでした。結果として，見学に行った私が「その輪に入れない」という事態になりました。私だけがひきこもりではないから，というのも一つの理由でしょうけど，この雰囲気であれば，初めてここを訪れるひきこもり者もこの輪に入るのは難しいと思われました。

　想像してください。ひきこもりの方がこのような SHG を訪れるのは，相当な勇気が要ることです。思い立ってすぐ行ける，というのは稀です。久しぶりに人のいる場に行くというのは怖いことなので，あれこれ考えを巡らして，何とか勇気を振り絞ってドアをノックするのです。

　そうしたところ，そこが合コン会場だったら，どうなるでしょう。「やっぱり，こんな状態にあるのは自分だけなんだ」と思い，再び長いひきこもりの状態に戻る，ということが起こりそうです。

　私は，SHG を見学する中でこのことを懸念するようになり，SHG 参加者にインタビュー調査を行いました（板東，2005a）。そこで，SHG を訪れるひきこもり者のことをさらに知るようになり，同時に，インタビューを通して地域のひきこもりの方たちとよく関わるようになりました。

　ここまでが，サポート・グループを設立する背景となる話です。もっとプライベートなことも含めて，このような背景が「支援」にさま

ざまな影響を及ぼすことになります。実践も研究も同様ですが，どのような問題意識をもつかによって，目指すべきゴールと方法論が変わってきます。

　さて，地域のSHGを訪問してまずお話を伺ったのは，SHGの代表者たちでした。より詳しくは第9章で述べますが，私はSHG代表者の方たちに惹かれることが多いです。彼らは，稀有な人たちだと思います。SHG代表者は，未だ生きづらさを抱えている人です。だけど，SHGを運営して，もっと苦しんでいる人たちをサポートしようとしているのです。もちろん，SHGを運営するくらいまで回復したと言えるのですが，いわば「半分悩みを抱えた当事者，半分支援者」という特徴があります。

　SHGの見学とインタビューを通してその方たちと知り合う中で，上記の「頑張ってSHGを訪れたけれども，所属できずに再びひきこもってしまう」という問題意識を私はもつようになりました。

　そこでまず考えたのは，SHG代表者たちへコンサルテーションをすることでした。コンサルテーションとは，臨床心理学を学んでいる私が，周囲の他職種やSHG代表者の方たちに対して専門的な助言をすることです。臨床心理学の知見を活用して，それぞれのSHGにおけるメンバーへの接し方を代表者たちに助言することを考えたのです。

　しかしSHGは，専門家がいないことで有効なサポートが展開されている場です。臨床心理学等の知見は「専門的知識」ですが，それに対して当事者がもつ知見は「体験的知識」と言います。自身の体験からしか得られない感覚や対処の工夫がここに詰まっています。専門家は，ひきこもりの経験がありませんから，体験的知識をもっていません。どちらの知識も貴重なものであり，専門家が「専門的知識」だけをもってSHGに乗り込むと，当事者たちがもつサポート力を阻害してしまう危険性があります。専門家は，自戒する必要があるのです。

　SHGへのコンサルテーションは，できないわけではないし，丁寧に行えば有効です。しかし，上記の理由によって，当時の私にはこれが

困難なように感じました。そこで，次の2つの活動を開始することを
思いつきました。

①　私自身が代表者となり，地域に「サポート・グループ」を立ち上げ
　　る。
②　「地域で活動するグループの代表者」という同じ立場で，定期的に情
　　報交換をする場を作る。

①が，第4章・第5章で紹介する活動です。②については第9章で
紹介します。

　私が生活する地域のSHGは全て，自由に過ごせる形態の居場所を
提供していました。メンバーが集える部屋を準備して，漫画を読んだ
り，お喋りしたり，テレビゲームをしたり，思い思いに過ごします。
この形態を否定する意図は全くありませんが，「輪に入る」のが苦手
なひきこもり者が，すでにできあがっている集団に溶け込めない姿を
想像することはできました。私は，自らサポート・グループを立ち上
げ，円座になってみんなで一つの話題を共有する構造を作ることを考
えました。これによって，グループでの孤立を防ぐことを目指しまし
た。これが，上記①のねらいです（詳しくは後述します）。

　並行して次のようなことを考えました。ひきこもり者が地域のSHG
を利用して元気になっているのであれば，それが良い。しかし，うま
く利用できない人たちがいる。私が立ち上げるサポート・グループに
来てほしいのはそのようなひきこもり者たちだ。そのためには，地域
のSHG代表者たちから，このサポート・グループを居心地よく感じる
人たちを紹介してもらう必要があるだろう。そのために，サポート・
グループの趣旨を地域の方たちに理解してもらい，ふさわしい方を紹
介してもらえるよう，定期的に情報交換する場を作ると良いのではな
いか。その中で，当初考えたコンサルテーションのような関わりもで
きるのではないか，と考えたのです。これが，上記②のねらいで，本

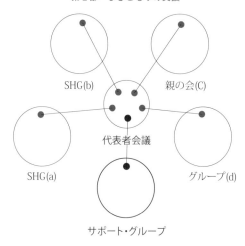

図 4-1　地域のグループの関係図

書では「代表者会議」と呼びます。図 4-1 は，これら地域のグループ
を図示したものです。

　以上が，サポート・グループ設立の経緯です。

2．サポート・グループの構造

　このような経緯とねらいをもって，サポート・グループを始めるこ
とになりました。当時，私はまだ学生（大学院生）だったため，ある
先生からは「チャレンジングだね」と言われました（良くも悪くも，
でしょうか）。以下に述べるように，医療機関の治療グループ等と比べ
て，「守り」が弱い構造なのが，リスキーな点でしょう。逆に，地域の
中に位置づける最善の形を探っているという点は，良い試みと捉えて
くださったのでしょう。

　評価はさまざまとして，私がどのようなことを考えてグループ構造
を形作ったのかを以下に述べます。実践者にとっては細かい点が役に
立つと思いますので，具体的に記述します。この構造のもと，実際に
どのような交流や体験がなされたのかについては第 5 章で述べます。

　当然ながら，ひきこもりの理解が前提にあって，それに対する最善の対応を模索し，構造が作られます。支援の構造は必ず，ねらいをもった誰かによって作られたものです。構造の一つ一つに意味があります。支援活動は，時間が経つと形骸化することがありますが，それは一つ一つの意味の再確認を怠った結果です。ひどい場合には，「活動の意味」自体が分からなくなっていることもあります。支援に携わる方たちは，個別支援でもグループ・アプローチでも，その枠組みがどのように形作られているか，ぜひ再確認してみてください。以下，本サポート・グループの方法に言及しながら，支援の構造について考えます。

（1）目的：ひきこもり者が場に「居られる」こと

　支援にとって一番大事なのは「目的」だと思います。その支援は，何を目指して行われているのでしょうか。

　このサポート・グループの目的は，ひきこもり者が他者のいる場に「居られる」こと，としました。就労を目的にしていない，というのが特徴です。後に述べるように，ここが非常に重要な点です。もちろん，就労を目的とする支援を否定するものではありません。このサポート・グループではそれを目的とはしていない，ということです。

　ひきこもりの問題の捉え方はさまざまです。私は，「家以外に居場所がない。家族以外に関わる人がいない」ひきこもり者にとって，他者のいる場に「居られる」のは革命的なことだと考えました。ここにたどり着くまでに，相当大きな壁があるでしょう。地域の SHG に溶け込めた人たちは，幸いにしてこの壁を突破できたのです。

　このサポート・グループで対象とするのは，この壁を越えるのに苦労しているひきこもり者です。彼らがこの場に「居られる」ことを全力で目指す，そのために最善の対処を考えることにしました。

（2）対象：およそ 18 歳以上のひきこもり者

　支援の対象者はなるべく具体的に想定する方が良いでしょう。上述

した通り，「SHG に溶け込めないひきこもり者」が，本サポート・グループ利用者の具体的なイメージです。もう少し言うと，SHG へ行って仲間と出会いたいのだけれど，それがうまくできない人です。その中には，精神科受診やカウンセリングには拒否的で，「先生から治される」ことを望まない人もいるかもしれません。そのように対象者をイメージします。

　対象者の年齢制限をつける方法もあります。グループ・アプローチは，メンバーの同質性がある程度保たれている方が高い効果を得られます。運営もしやすいです。その点では，年齢もおよそ一定に保つ方法が考えられます。ただ，私は上限を定めることは考えませんでした。「44 歳までは参加できるけど，45 歳の人は参加できません」というのは「世知辛い」と感じたからです。すでに参加している 44 歳の人は，45 歳になったら「ここまでです」と言わなければならなくなるかもしれません。

　年齢の下限について，「不登校」の生徒は対象に想定しませんでした。不登校の支援には，また別の居場所があるからです。従って，一応 18 歳以上を想定しましたが，強い参加希望のある若い人の参加を拒否するものではない，というくらいに設定しました。

　年齢の設定によっても，グループの雰囲気は変わってきます。

（3）場所：NPO 法人の一室を借用

　集まる場所は，医療機関，自治体の施設，公民館等の一時的借用，あるいは喫茶店などが考えられます。

　私はまだ学生でしたので，指導教員から「ベテランの専門家の目がある場所で運営してください」と言われました。つてをたどって探し，ある NPO 法人の一室を（有料で）貸していただけることになりました。商店街の中にある，小さな建物の 2 階です。入口も小さいので最初は得体の知れなさがあったかもしれませんが，通い慣れれば，苦労なくドアをくぐれるようです。

　普段は子どもたちの活動場所となっており，室内には子どもたちが描いた絵や作品が飾ってあります。10畳ほどある絨毯のスペースに円座になって行います。以前は住居だった建物で，家庭にお邪魔したような雰囲気がある場所です。

（4）頻度：隔週90分

　頻度は，毎日，週1回，隔週，月1回などが考えられます。

　このサポート・グループで対象とする方たちが毎週来るのはややしんどいかな，と考えました。隔週でも刺激としては十分でしょう。また，（これは大事なことですが）スタッフの負担を考えました。運営者に対する資金的援助はないので，ボランティアで実施することになります。ボランティア活動の大事な課題は，モチベーションの維持です。私が自分で開始する活動なのですが，モチベーションが無限に続くわけではありません。他の仕事や勉強をしながら実施するので，いわゆる持続可能性の確保が必要です。その点，毎週はちょっとしんどいように感じました。隔週であれば，持続できそうです。このように，対象者と支援者双方の状況を検討し，隔週という頻度にしました。

　グループ（後に述べるセッション）の時間は90分としました。地域のグループは，120分という設定が割と多い印象なのですが，「居られる」ことを目指す彼らに120分は長いと感じました。60分という設定もありえますが，慣れてきたメンバーにとっては60分だと短いでしょう。そこで，90分としました。セッションの流れの詳細は後述します。

（5）スタッフ：男性1人・女性1人

　男性1人は私で，女性1人は臨床心理学を専攻する大学院生です。

　初めは，私1人で運営するつもりでいました。しかし，スーパーバイザー（後述）に相談したところ，「スタッフは2人が良いでしょう」と提案を受けました。理由は2つあります。①困難なことがあったと

きにスタッフ同士で相談できる。②女性のメンバーに対しては女性の
スタッフがいる方が良い。

　臨床心理学を学ぶ後輩（女性）に声をかけたところ，活動に賛同し
てくれる人がいました。ただし，1年経って春になると「就職が決ま
りました」と言って次の人に交代する，ということが続きました。結
果的には，引き継ぎながら10人ほどの女性スタッフと一緒に活動を
行うことになりました。

　どういう専門性をもったスタッフが行うのか，何人なのか，という
のも支援の場を形作る大事な要素です。年齢構成も，私が30代，女
性スタッフがおおむね20代前半ということで，一定のバランスがあ
ったと思います。いずれにしても，メンバーに与えるスタッフの影響
を検討します。

（6）スーパーバイズ：隔月
　臨床心理学の分野には，カウンセリングの技術と質の向上を目指し
たスーパーバイズの仕組みがあります。ベテランの専門家がスーパー
バイザーとなり，若い支援者の側面的サポートをするのです。

　私は，このサポート・グループを行うに当たっても，ベテランの先
生に定期的なスーパーバイズを依頼しました。グループを始めると，
やはりさまざまな難しいことや検討点が出てきました。その都度，ス
ーパーバイザーに相談して方向を調整しました。スタッフの安定を保
ち，支援活動の方向性を誤らないという効果があります。

　「ベテランの専門家を探し，多くの場合有料で，定期的に相談に行
く」というのは面倒なことです。スーパーバイズを受けるのは大事だ
と分かってはいるけど，実施していない支援者が実は多いのではない
でしょうか。支援者はこれを疎かにしがちですが，利用者のためにし
っかりとスーパーバイズを受け，支援についてよく検討すべきでしょ
う。

（7）形態：フリー・グループ

　会の形態はフリー・グループとしました。フリー・グループは，オープン・グループと言う場合もあります。「メンバーは固定されず，さまざまな人がグループに参加できる」という形態です。これに対置されるのは「クローズド・グループ」で，メンバーを固定して実施する形態です。たとえば，病院などで患者さんを 10 人選び，そのメンバーで半年間グループを実施するのは，「クローズド・グループ」です。クローズド・グループの方が，医療者・支援者がメンバー間の相互作用をコントロールしやすいので，高い治療効果をねらうことができます。

　ただし，地域に設定するこのサポート・グループでは，メンバーを固定する方法は考えられませんでした。それどころか，「○月×日には〜さんが参加する」と予定を立てることも難しい，と判断しました。なぜなら，ひきこもりの方たちの気分や状態は日によって大きく変動するからです。当日の朝になって「やっぱり行けない」となったり，「今日こそ行かなきゃダメだ！」と奮起したりすることが想像されます。そのため，「その気になったときに参加できる」状態で設定しておくことにしました。

　運営する側としては，「セッションの開始時間にならないと誰が何人来るか分からない」という状況は，対応がしづらいです。グループ運営の計画性とコントロール力は下がるのですが，メンバーの参加しやすさを重視しました。

（8）メンバー数：最大 10 名くらいか

　病院のデイケアや地域の居場所活動では，「セッションの開始時間にならないと誰が何人来るか分からない」設定は一般的です。大抵，スタッフが複数いて，さまざまなプログラムや活動をメンバーたちと共にします。そこにある程度の柔軟性があるので，メンバーが増えても対応できると考えます。

　本書で紹介するサポート・グループは，目的からは居場所活動と言えますが，円座になって行いますので，メンバーが20人，30人となると対応が難しくなります。スタッフは2人なので，個別の丁寧な対応ができなくなり，「居られる」という目的を達成できなくなるでしょう。

　このように，本サポート・グループの目的と方法に照らすと，1回に参加する最大のメンバー数は10人程度だろうと考えました。スタッフ2人が入って円座になったときに，一人一人を見渡せる最大の人数です。ただし，ひきこもり者にとって（スタッフを含めて）12人が円座になっている状況は圧力が高く，メンバーに強い緊張をもたらします。そこで，その日の参加者数が多い場合は，後半には2つの小グループに分かれるようにしました。スタッフが2人いるので，この対応が可能です。

　以上のようにメンバー数を想定しました。ただし，フリー・グループとしたので，メンバー数を統制することはできません。自然とちょうど良いメンバー数に収まるように，何らかの戦略を練る必要があります。広報の仕方で，その調整を試みました。

（9）広報：地域のグループ共通のチラシとホームページ

　なるべく簡潔な説明文を添えて，グループの案内を作成しました。説明文は「臨床心理士が代表スタッフを務め，安心できる落ち着いた雰囲気の場所を作っています。コミュニケーションを苦手に感じる方，しばらく人と接する機会のなかった方など，お気軽にご連絡ください」というもので，「ひきこもり」という言葉はここに書きませんでした。中にはアルバイトを始めたばかりという方もいますし，「ひきこもり」の境界は意外と曖昧だからです。言葉の定義にとらわれず，この場所を必要としている方に来てほしい，という趣旨です。ただし，説明文の後段から，およそひきこもりの人たちを対象としていることが分かるようにしました。

　メンバーが集まらないことよりも，多くなりすぎる方をむしろ心配しました。始めてみないと反応が分かりませんので，様子を見ながら少しずつ広報を行うことにしました。まずは，グループ開設の案内を作成し，知り合いのカウンセラーたち，片手に収まるくらいの関係機関，地域の SHG に広報しました。結果として，半年くらいは参加メンバーが 1 人でした。多すぎるどころか，これではメンバーが少なすぎることが分かったので，積極的に広報を進めることにしました。

　さらに，第 9 章で述べる過程を経て，地域のグループ共通のチラシとホームページを作成しました。その後，「ホームページを見て，来ました」という方が増えました。サポート・グループ全体の経過を通して，1 回の平均参加者は 4.1 人，最大で 9 人でした。本サポート・グループの目的を達成するためにはちょうど良い人数が保たれ，適切に広報できたのではないかと思います。

　現代では，SNS の利用を工夫することが有効でしょう。

(10) 連絡：専用の携帯電話とメールアドレス

　メンバーへの連絡は，組織の一環としての活動であれば，その組織が窓口になるでしょう。本サポート・グループのように自主的に立ち上げる場合は，グループの連絡先を設定する必要が出てきます。臨床心理学の理論ではスタッフ個人の連絡先の公開はしませんので，サポート・グループ専用の携帯電話とメールアドレスを用意しました。電話は，休日も応対することには負担感があるため，対応できる曜日や時間帯を制限して提示しました。

(11) メンバーの参加費とスタッフの報酬：参加費は 1 回 500 円，スタッフは無償

　助成金等により活動資金を獲得することもできるでしょうけど，私の力量不足もあり，スタッフは無償で活動を行いました。とは言え，場所の賃借料，電話代，グループで使用する菓子代等の費用がかかり，

全て自腹で行うと持続可能性に欠けると判断しました。そこで参加費を徴収することを考えますが，ひきこもり者たちが自由に使えるお金は多くありません。そのようなことを考えて，参加者が支払えて，かつ運営にもギリギリ足りる額として 1 回 500 円の参加費を設定しました。

　ちなみに，SHG では，参加費は 0 円か，せいぜい 100 円といったところが多い印象です。本サポート・グループのように参加費を設定すると，「お金を払う人（メンバー）」「お金を払わない人（スタッフ）」という差が出現します。スタッフは無償だったので「お金をもらう人」にはなりませんでしたが，お金をもらうと「支援する人」という立場が明確になり，それに見合った責任が発生します。

　本サポート・グループは，SHG と同じような枠組みで地域に位置づけましたが，臨床心理士の資格をもった専門家が運営しており，スタッフとメンバーの立場の差は明確です。そこにケアの視点が生まれますが，メンバーからはスタッフへの期待が現れ，責任や期待感の複雑な交流が生じます。お金の設定は，（時に難しい局面を生じさせる）このような交流を生む明瞭な要因となります。これは「良い悪い」の話ではなく，お金にはそういう作用がある，ということです。

（12）ルール：お互いに秘密を守る

　多くのグループでは，参加者・スタッフ・場を守るために，ルールを設定します。医療機関の治療グループでは，「参加者は，連絡先を交換したり，グループの外で会ったりしてはいけない」というルールを設定する場合があります。条件を厳密に設定して高い効果を目指す治療グループでは，プライベートな集団（＝サブ・グループ）がさまざまに派生すると，集団力動を捉えて操作することが難しくなるからです。

　しかし，このサポート・グループは治療グループとは違います。「セラピー」として操作する要素は弱く，むしろ居場所としての機能を丁

寧に作ることをねらっていました。また，地域のSHGと連動した支援を念頭に置いていたので，グループ外での交流が盛んになることをむしろ奨励しました。ただし，対人交流が活発になるとトラブルが生じやすくなるのは道理です。そのため，そのような交流には十分留意し，必要に応じてスタッフがサポートすることで対処を行うことにしました。

　また，サポート・グループに参加するひきこもり者はかなり緊張して訪れると予想しました。初めて訪問してスタッフと話すときは，落ち着いてスタッフの話を聞くことは難しいだろう，と考えました。そこで，ルールとしては「お互いに秘密を守る」という点だけ共有することにしました。参加者それぞれの振る舞いに任されるのですが，基本的な約束事として，実名やプライベートな体験を外には漏らさないことを共有しました。

　他には，「人の嫌がることはしない」「話したくないことを無理に話す必要はない」「たとえば5分など，短い時間で帰っても構わない」ことを折に触れて伝えました。

3．セッションの流れ

　次に当日の時間の流れを見ます（表4-1）。これも大事なグループ構造です。1回の活動を「セッション」と呼ぶことにします。

表4-1　セッションの流れ

14:00 〜	初訪問者への面談，グループの説明
14:30 〜	自由時間（※部屋を開ける）
15:00 〜	セッション ①自己紹介（※円座になる） ②休憩（※菓子を出す） ③小グループ ④一言コーナー
16:30 〜	セッション後，解散

（1）初訪問者への面談，グループの説明（14:00 ～ 14:30）

　初訪問者からは事前に連絡をもらうよう，広報しました。当日に全く知らない人が来るのは，スタッフとして対応が難しくなるだろうと考えたからです。

　初訪問者がいる場合のみ，14:00 に開室します（普段は 14:30 開室）。初訪問者への対応で行うのは，「面談」と「グループの説明」です。

　「面談」は，カウンセリングだと「インテーク面談」に相当するもので，その人の素性をある程度知ろうとするものです。知りたい項目は，①家族構成，②経路，③医療・相談機関の利用，④地域のグループの利用，⑤生育歴とひきこもりの経緯，⑥グループの訪問動機・友人関係・悩みごと，⑦食事・睡眠・外出などです。これらの項目を記載した面談用シートを用意しました。

　しかし，個人カウンセリングとは違って，地域のグループに来る人はこのような経緯や生育歴を事細かに聞かれるつもりで訪れません。そのため，かける時間は多くても 15 分程度，「差し支えなければ教えてください」と断ってざっと聞く程度に留めました。「④地域のグループの利用」を聞くのは特徴的だと思います。地域の SHG と連携して支援を進めたいので，知りたい項目なのです。

　面談と並行して行う「グループの説明」は，A4 用紙 1 枚の資料を渡して行います。本章で述べているような，グループの進行やルールについての説明です。ただし，ひきこもり者の緊張はかなり高く，スタッフの話はほとんど伝わらない可能性があります。従って，説明は簡潔に行ない，この時間も長くて 15 分です。

　いえ，グループの説明というよりは，むしろスタッフに安心感を抱いてもらうことの方を重視しました。あるメンバーは，部屋に入るまでに建物の周りを 3 周したそうです。「どんな人がいて，何をされるか分からない」というような恐怖心を抱いていたのでしょう。そのため，スタッフとしては精一杯，〈無害であり，安心して良い〉というメ

ッセージが伝わるように努力しました。どれくらい成功したかは分かりませんが，ここをクリアすると，セッションに参加してもらうことができます。

なお，セッション開始の 15:00 までは間があるので，一旦外に出ても良いことにしました。また，人によっては，初訪問時は面談と説明のみで，次回からグループに参加する方もいました。

（2）自由時間（14:30 〜 15:00）

スタッフは，14:30 に部屋を開けます。2 回目以降に参加する人は，14:30 〜 15:00 の間に来てもらいます。遅刻して 15:30 や 16:00 に来る人もいるのですが，それでも構いません。

15:00 から絨毯の部屋に円座になりますが，それまでの時間は自由にしていて構いません。ただ，メンバーたちはあまり自由に歩き回ることはしませんでした。円座になる位置（自分の指定席がだんだん決まってきます）に，順に座っていく感じです。

15:00 からは全体で一つの話をする時間になるので，個別に話したいことがあるときはこの自由時間を利用します。別室を使用することもあります。

（3）セッション（15:00 〜 16:30）

セッションの流れを以下に述べますが，毎回，基本的に同じ流れで進行するようにしました。ひきこもり者にとっては新しく来る場所で，どんな人がいて何が起こるのか未知の世界です。そこで，毎回同じ流れにしておくと，この場の過ごし方を学習していくことができるようになります。勝手が分かると，この場に来る不安が減るだろうと考えました。きっと，刺激は少ない方が良いのです。

その意味では，このサポート・グループは自由度が低いです。あえてそのように設定しました。他の SHG は自由度が高く，その日にやりたい活動をやっていきます。その方が楽しいでしょう。楽しい方を

選びたい人は，SHG を利用すると良いです。SHG を選択することはこのサポート・グループの「卒業」であって，望ましいことと考えました。

　私たちは，「自由な活動を楽しむ」よりも，まずは「居られる」ことを目指しました。そのために毎回の進行を固定させたのです。

　①　自己紹介（約 30 分）

　それまでもおよそ円座になっているのですが，15:00 になったら，〈では，自己紹介を始めましょうか〉と，仮に初訪問者がいなくても，毎回自己紹介から始めます。ただ，医療機関での治療グループと比べると，時間進行を厳密に管理しているわけではないので，「自由時間」でのお喋りがダラダラ続いて 15:15 くらいからようやく自己紹介が始まることもあります。

　「自己紹介カード」（図 4-2）を準備しました。これを A5 版のプラスチックケースに入れて，時計回りに手渡していきます。

　スタッフも，メンバーと同様に自己紹介をします。大抵はスタッフからスタートします。伝統的な臨床心理学の理論では，カウンセラーは自分語りを慎むことになっています。その理論は正しいと私は思っていますが，本サポート・グループでは，差し支えない範囲でスタッフも自分の話をするようにしました。「差し支えない範囲」というのは，メンバーが元気になることがグループの目標なので，自分の話に終始するような自分語りはしない，ということです。メンバーのため，あるいは場のために必要なことを考え，ささやかな自己開示をします。

```
1周目
 1．名前
＊以下は，思いつかない時，言いたく
　ない時は「パス」しても構いません。
 2．年齢
 3．好きなこと
2周目
 4．前回来た時の感想（2回目以降の
　方のみ）
 5．悩みごと
 6．みんなに聞きたいこと
 7．その他なんでも
```

図 4-2　自己紹介カード

　本サポート・グループは，ひきこもり者にとっては社会への入口となるものです。ここで，他者と出会います。スタッフも大事な他者の一人なので，なるべく，ごく当たり前の他者として存在できるようにしました。理念的には，これは「共に生きていく仲間である」というポジションに立つ，コミュニティ心理学の考え方です。スタッフの役割として，「集団力動を操作する」よりも，ひきこもり者が出会う他者として存在することを重視しました。

　スタッフは，安心できる存在であり，場を守ることを求められますが，多少間が抜けていることも大事だと思います。ひきこもり者が接する「他者」としては，できすぎた他者よりも，いくらか身近に感じられる他者の方が良いだろうからです。

　スタッフの自己開示は，メンバーにとっては「お手本」になります。その意味では，時には「うまくできない（＝うまくできなくても良い）」という見本になることも大事でしょう。

　自己紹介カードの項目は，グループを開始してから試行錯誤して，2，3年の間に図4-2の項目になりました。一つ一つの項目に意味があるので，それらを説明します。

　「1．名前」は，実名としました。SHGではニックネームで交流するところがありますが，本サポート・グループは現実的な交流に近づけたいと考え，実名としました。ただし，「名字だけ」「下の名前だけ」でもOKとしました。その下には「※以下は，思いつかない時，言いたくない時は『パス』しても構いません」と書いて，自己紹介は名前だけ言えばOKとしました。

　「2．年齢」は，言いたくない人もいるでしょうし，パスでも構いませんが，自分より年長か年下か分かった方が関係性を捉えやすく，対話しやすいだろうと考えました。

　「3．好きなこと」は，自己紹介の場面ではおよそ必須の項目ですが，ひきこもり者はそう簡単には話せません。反応を気にすることもあるでしょう。だから，パスでも構いませんが，毎回自己紹介の時間

があると，準備が整っていずれ話せるようになります。後は，同じことを繰り返せば良いので，コミュニケーションのスタートである自己紹介のやり方をここで学ぶことができます。

　以上を基本的な3項目として，自己紹介カードを時計回りで手渡す1周目としました。なるべくゆっくりしたペースで進めます。発言によっては，スタッフが若干の応答をします。メンバー同士の対話が生まれることもあります。1周目を終えたら，それまでに出た話題で話したいことがあれば，話します。適当なところで，2周目の項目に移り，もう一巡させます。

　「4．前回来たときの感想（2回目以降の方のみ）」は，グループでの体験に連続性をもたせるための工夫です。隔週という頻度ですが，この項目を設定しておくと，前回のことを思い出して体験が続いていくだろうと考えました。実際，その場では発言できなかったことでも，2週間後の自己紹介でようやく言葉にして伝えられることが多々ありました。

　「5．悩みごと」は，核心に迫る部分です。グイっと核心に迫る発言をする人もいますし，ほとんど触れずにやり過ごす人もいます。ただ，本サポート・グループの全体的な印象としては，悩み事に対してみんなで意見を寄せ合って検討する，という場面は少なかったように思います。これはいわゆる「直面化」ですが，それぞれが抱える理由で，まだ直面化する準備が整っていないひきこもり者たちが集まっていたように思います。具体的な場面のいくつかについては，第5章で検討します。

　「6．みんなに聞きたいこと」の項目も工夫の一つです。一般的なグループでは，「○○さんにお尋ねしたいんですけれども」や「みなさんにお聞きしたいんですけど」と，話の流れの中で自分の関心事を人に尋ねますが，ひきこもり者にとっては難しいことです。どういうタイミングで，どう聞いて良いか分かりません。そこで，自己紹介カードであらかじめこの項目を設定しておきます。すると，これを受けて，

「『みんなに聞きたいこと』ですが，美味しいラーメン屋さんを教えて
ほしいです」などと，準備してきた発言をすることができます。発言
のタイミングも明確です。スタッフは，その発言を受けて，〈×× さん
が，〜〜を聞きたいとのことでしたが，どうでしょうか？〉と質問を
受け取れば良いのです。これで，そのメンバーは場に貢献した感触を
得ることができます。

　「7．その他なんでも」は，自由に発言できる項目として設定しまし
た。慣れてきたメンバーは様々なことを話すようになります。

　自己紹介は，このような項目に沿って進行します。スタッフは，全
員がこの場に参加できるよう，時に穏やかな笑いが起きて空気が柔ら
かくなるように努めながら，セッションを進めます。

　②　休憩（約 20 分）

　自己紹介は（約 25 分）と書きましたが，実際の進行は適当です。特
に決まりはなく，およそのまとまりが得られたり，ちょっと疲れたり
という雰囲気によって「休憩」とします。が，休憩と言っても，場の
雰囲気はあまり変わりません。緊張しているメンバーたちほど，自由
に立ち上がって動き回ることはしません。そのまま，同じ席に座った
ままのことが多いです。

　休憩の時間は，本グループでは「菓子を出す時間」を意味します。紅
茶を入れ直すなどして，ちょっと間を取ります。それまでの続きの話
をすることが多いのですが，立ち上がってお手洗いに行くこともでき
ますし，個別にメンバーと話すこともできます。セッション前の「自
由時間」よりは，幾分か場がほぐれています。

　③　小グループ（約 30 分）

　メンバー数が 4 人くらいまでは，このまま一つの円で最後まで過ご
します。ただし，メンバーが 5，6 人（スタッフを入れて 7，8 人）以
上になると，ひきこもり者にとっては大きい集団となります。一般的
に，グループ・アプローチで適切な人数は 8 〜 12 人くらいとされま
すが，ひきこもり者にとって最適なのは 4 人程度と言われます。それ

は「家族サイズ」だからという説明をどこかで読みましたが，私としてはもう一つ，「友達が家で遊ぶ人数」がちょうどこれくらいで，そのような交流を求めるひきこもり者にとってなじみやすいのではないかと考えています。スタッフとしても，仲間外れが出ないよう配慮しやすい人数です。

　スタッフが2人いるので，1人ずつ入って2つの小グループに分かれます。スタッフが意図的にグルーピングすることもありますが，多くの場合は「グーとパー」などでランダムに分けます。時間が十分にあるときなどは，途中でグループ替えをするときもあります。このように，ちょっと動きがあると一息つける場合もあります。

　④　一言コーナー（約10分）

　最後は，再び全員の輪に戻ります。〈何か言い残したこと，話しておきたいこととかありますか〉と場に振ります。慣れてきたメンバーは話す人もいますが，特に発言がないことの方が多いです。そのようなときは，スタッフが何か話します。

　小グループと言っても，同じ空間の隅にある小スペースに移動するくらいなので，特別に秘密の話をするわけでもありません。そこで，個人的な話は控えるものの，〈こちらのグループでは，○○というアニメの話をしていたのですが，他にも見てる人います？〉と，もう片方の小グループのメンバーに問いかけることもあります。

　いずれにしても，最後に全体で場を共有して，次回の日程を確認してセッションを終えます。

（4）セッション後，解散（16:30～）

　参加費を徴収して，解散となります。約15年の経過の中で，終了後に茶碗洗いや片づけをメンバーたちと一緒にしていた時期がありました。私は，好きな時間でした。このような作業をしていると，喋らなくても同じ活動を共有できます。場に貢献できた感じも得ることができます。動きながらの作業になるので，円座の状態から場面転換す

る感じで，ここで新しい話を始める人もいました。

　サポート・グループを始めて3年目くらいだったでしょうか，今でも記憶に残っている場面があります。このセッション後の時間に，セッション中はあまり発言しないメンバーたちが，ゲームの話題やラーメン屋の話題などで，部屋のあちこちで何やら話をしているのです。私は何もせずにソファに座っているだけで，和やかな空気感がありました。この雰囲気は，意図的に作ろうと思ってもなかなか作り出すことができません。メンバーたちが思い思いに交流することがきっと貴重な経験になっているでしょう。

　私は，個人カウンセリングを仕事にしていますし，その有効性もよく分かっています。しかし，それ以上に私はこのような場を提供することに関心があるのだなと，この時感じました。

　以上，私が実践したサポート・グループ設立の経緯と構造についてお伝えしました。サポート・グループの一例ですが，さまざまなひきこもり支援を実践する際の手がかりになると思います。なお，サポート・グループの作り方に関しては，高松（2021）が分かりやすいので，ぜひ参照してください。

　本章では，「サポート・グループ」というグループ・アプローチの形態については詳しく述べず，経緯と構造をお伝えしました。グループ・アプローチの形態に関しては，簡単にはなりますが巻末に補遺を設けたので，関心のある方はそちらをご覧ください。

第5章

サポート・グループを通した支援

　本章では，本サポート・グループの経過や雰囲気と共に，支援方法について記述します。エピソードにおける私の発言を〈　〉，女性スタッフの発言を《　》，メンバーの発言を「　」で示します。

1．サポート・グループの経過

　グループは生き物です。元気なときもあれば，落ち込むときもあります。性格特徴もあります。支援の枠組みを作るときにも細心の注意が必要ですが，グループの特徴や展開を捉えることを通じて，その後の方向性が修正されていきます。

　本サポート・グループの初めの半年は，参加者は1人でした。正確には3人の方が来訪したのですが，新しい1人が来たときには，以前に来ていた1人は休む，ということが半年間続きました。グループであれば，スタートから数人の参加者を確保して始めるのが一番良いでしょう。参加者の当ては若干ありましたが，運営しながら様子を見てメンバーを募る，という方針でスタートしました。

　地域のグループを始める人は，同じような状況に直面するようです（高松編，2009）。運営者としては，〈これでグループが成立するのか〉〈役に立つ支援を展開できるのだろうか〉と不安になってきます。この

初出情報：本章及び第6章は，板東充彦（2010）ひきこもり支援活動の実情―地域のサポートグループから見えるもの．教育と医学，58(11)；46-53．に加筆修正したものです。

ようなときは，支援者の仲間と状況をシェアしたり，スーパーバイザーに相談したりすることが支えになります。また，支援のスタートはおおむねこのようなもので，グループの情報は少しずつ地域に伝わっていくということを十分に理解しておくと良いでしょう。このサポート・グループ活動も，数年経つ間に，同じ地域でひきこもり支援に携わる方たちに知ってもらえるようになりました。

　半年後，同時に4人が来訪し，グループが始まった印象です。しばらくは試行錯誤が続きましたが，スーパーバイザーにも相談しながら，第4章で述べたような構造に落ち着きました。

　3年目以降，3，4人の固定メンバーがそろってきました。ほぼ毎回参加する人たちで，グループの雰囲気はこのメンバーたちによって作られます。沈黙がちで，不器用で，穏やかな雰囲気でした。この時期のメンバーたちは，グループ外の時間に互いに交流することもなかったようです。サポート・グループが居場所となって，2週間に1回，他の人の顔を見て，話を聞くために来るという感じです。これは，活発に活動している地域のSHGとは対照的で，「SHGに溶け込めないひきこもり者を受け止める」という，本サポート・グループのねらい通りになってきた印象です。

　7年目くらいに来ていたメンバーたちは，本グループにしては珍しく，自主的に交流する人たちでした。個人宅に集まって飲み会をしたり，カラオケに行ったり，という報告がありました。ひきこもりの方たちは，10代後半のいわゆる青春時代を楽しめなかった場合が多いです。このようなグループの良さは，仲間と知り合えて，遅れた青春時代を経験できることです。人が関わると，当然ながらトラブルも生じますが，生き生きとした楽しさもあるでしょう。

　10年目には，グループの「沈殿」の問題をよく感じるようになりました。「沈殿」とは，場への居心地が良くなり，そこに居座ってしまうことです。〈グループをステップにして社会へ巣立ってほしいのに，いつまで経ってもグループから出て行かない〉と感じられる状態のこと

です。これについては，スーパーバイザーともよく検討しました。支援するにあたって大事なポイントは，何度もグループの目的に立ち返ることです。本サポート・グループの目的は「居られる」ことです。〈早く社会に出て行ってほしいのに，なかなか出て行かない〉とイライラするのは，スタッフの欲望の表れです。「他者のいる場に居られるようになる」ことに全力を尽くすのが本サポート・グループの目的なので，スタッフにイライラが生じるような余計な色目（欲望）はなるべく自覚するように努め，その心に対処するようにしました（この点については，第 6 章で再度検討します）。

　「沈殿」への対処はグループ運営上の大事な検討課題ですが，居場所として機能していることの表れでもあります。ひきこもり者の中には，対人関係上の困難を抱えていて，社会で適応するのに苦労する姿を想像できる人たちがいます。10 年目の時期には，そのような方たちがここに居場所を得て，スタッフやメンバーと交流することでさまざまな体験をしていました。「社会へ出る」というシンプルなゴールには簡単にジャンプアップできないひきこもり者は大勢います。そのような方たちの課題をどのように捉え，支援を考えるか。その答えは単純ではなく，本サポート・グループの限界もありました。それでも，支援の場で最善を尽くすことはできます。

　グループを始めた当初，場所を貸してくれた NPO 法人の理事長は「5 年間は頑張ってみてください」と言ってくださいました。5 年間は長いと感じましたが，何とか 10 年が経過しました。その間，私は大学院を修了し，社会人となりました。結婚するなど，プライベートな変化もありました。ボランティアをするということは，そこに費やす時間分，仕事をして収入を得ることができないということです。私は，いつグループをやめてもおかしくない状況にありましたし，いつやめても構わないと思っていました。グループをやめるのは悪いことではなく，再開できるときにまたすれば良いからです。しかし，続ける機会に恵まれ，約 15 年続けることになりました。

　このような状況でしたので，11 年目以降は積極的には広報活動をせず，それまでの利用者と丁寧に関わることを続けました。最終的にグループを閉じることになったのは，私が仕事の関係で転居することになったからです。物理的にグループ運営ができなくなりました。後任に引き継ぐことも模索したのですが，結果としては後任を見つけることができず，閉じることになりました。閉じるに当たって考えるべきは，メンバーにとっての喪失体験です。場所がなくなるということは，そこで会う仲間たちと会えなくなってしまうということです。一人一人のメンバーを思い浮かべ，グループを閉じても心身の体調を大きく崩す人はいないだろうと判断しました。グループの「終わり方」も非常に大事です。

2．グループの雰囲気とエピソード

　次に，本サポート・グループの雰囲気と特徴的なエピソードを紹介して，どのようなことが支援として機能したのかを検討します。第 2 節と第 3 節では，メンバーのエピソードなどが登場します。人の特定を避けるために，具体的記述を省く，趣旨が変わらない程度の修正を加える，複数の事例をつなぎ合わせるなどの変更を行って記述します。

（1）他愛ない雑談
　感覚的には，本サポート・グループの話題の 7 割ほどは他愛ない雑談で占められていたと思います。グループは，就労へ向けた方法や心の問題などをしっかり話す場だと理解している人がいるかもしれませんが，それは支援の目的によって異なります。本サポート・グループは「居られる」ことを目的にしましたので，話題は何でも構いません。後に述べますが，沈黙も多かったです。言葉が出てこなくても構いません。
　私の尊敬するカウンセラーは，「私のカウンセリングの 9 割は雑談をしています」と言いました。また別のカウンセラーは，「カウンセリン

グ場面の雑談は，単なる雑談ではない」と言いました。これらは同じ意味です。つまり，対象者と「雑談」をするときには，そのやり取りにどのような意図をもち，それを通してどのような体験を得られるかに注目することが大事なのです。これが心理臨床的着目であって，ここに，言葉を文字起こしするだけではほとんど見えてこない体験的交流があります。

　本サポート・グループでの雑談の意図は，「うまくなくて構わない。場の空気が読めていなくても，意味が伝わりづらくても構わない。喋らなくても構わない」という体験を共有することです。

（2）黙々とケーキを食べるクリスマス会

　毎年，クリスマスの頃には，スタッフがホールケーキを購入して持参し，みんなで食べることが慣例になりました。一般的に，クリスマスパーティというのは華やかで，ワイワイとお喋りしたり，歌を歌ったりすることもあるでしょう。

　ある年のクリスマスは，7人の参加者がいて，スタッフを合わせて9人が円座になっていました。例年のようにクリスマスケーキを用意し，人数分にカットしてみんなでいただいたのですが，場はシーンと沈黙していました。スタッフは，〈みんな，この場を楽しんでいるのだろうか？〉と，だんだん心配になってきます。合いの手を入れるものの，雰囲気はあまり変わらないまま時間が過ぎました。

　このようなとき，一般的には場を「盛り上げる」ことを目指すのではないでしょうか。クリスマスのような華やかな日には特にそうだと思います。しかし，「盛り上げる」ことがいつでも最良とは限りません。

　クリスマスの翌回のグループは年明けになります。1月になり，自己紹介でこういう発言がありました。「前回は，数年ぶりにクリスマスケーキが食べれて，嬉しかったです」。ポツリと「楽しかったです」と言う人もいました。

　本当のところ，人が心の中で何を感じているかは，よく分かりません。しかし，翌回の発言を聞いて，〈そうか。表情や言葉ではよく分からなかったけど，心の中ではもしかしたら盛り上がっていたのかもしれない。ひきこもり者たちの心の動きは表には出て来づらく，判断を急ぐべきではないな〉と思うようになりました。

（3）「支え合わない」グループ？

　本グループでも，たとえば「近所の人たちの目が怖い。昔の同級生に会うのが嫌だ」など，悩み事が話されることがあります。このようなとき，一般的なグループ・アプローチでは，「私もそういうことあるよ。昔の同級生に会うのは嫌だよね」などと，メンバーからの受容・共感，あるいはアドバイスなどの応答があることが多いでしょう。私がサポート・グループを始めたときも，そのようなイメージをもっていました。

　しかし，本グループでは，そのような発言があっても誰も何も言わない，ということがしばしばありました。悩み事を話すのも勇気の要ることですが，それに対して応答するのも勇気が要るのです。〈このグループのメンバーたちは「支え合わない」のか？　これでは，頑張って発言した人が救われない〉と，スタッフはまたしても不安になりました。もちろん，メンバーの発言に対してスタッフが応答したり，〈○○さん，どうですか？〉と話を振ってみたりすることもあります。それでも，メンバー同士が主体的に支え合うようにはなりません（メンバー構成によっては，このような支え合いが進んだ時期もありますが）。

　でも，この「支え合い」のイメージは硬直したステレオタイプだと，後に気づきました。続けて来るひきこもり者たちが少なからずいることから，メンバーたちはここで何らかの支えを得ていることが想定されました。それは何なのかと丁寧に見ていてたどり着いた結論は，彼らは「互いを受け入れる」ということでした。

　先にグループでの「沈殿」の話をしましたが，社会に居場所を得られない人ほど，このようなグループでの居心地が良くなる傾向があります。そして，社会での適応が困難な人がグループに増えていきます。彼らの場にそぐわない話しぶりや，共感を得られない感性や視点などが熱量をもって語られることが増えると，スタッフはだんだん心配になってきます。受容・共感的に話を聴きつつも，他のメンバーたちが引いていくのではないかと不安になるのです。

　しかし，それは杞憂でした。本グループで見ている限り，そのような特徴的な話しぶりのメンバーに違和感を抱いていたのはスタッフの方で，他のメンバーたちはむしろ真剣に話を聴いていました。

　本グループに集うひきこもり者たちは，社会から排斥されたような実感を抱いているのではないでしょうか。だから，自分から他者を排斥することはしない。意識的にか無意識的にか，そのような心性が働き，結果としていろんな特徴をもったメンバーを互いに受け入れる土壌が作られていったのではないでしょうか。

　これはスタッフの意図とねらいを超えたもので，自然発生的に形作られた雰囲気でした。ただ，本グループの目的には合致していました。ひきこもりの方たちは，自信を失っていることが多いのですが，このように他者を「受け入れる」というのは素晴らしい特性です。本グループが，彼らの良さが生かされる場となっていたのなら，嬉しく思います。

（4）天気からもひきこもる

　外出するときの気分は，天気に左右されますね。気持ち良い晴天だと外出したくなりますし，暑すぎる・寒すぎる日は，気分が乗らずに予定していた外出をやめてしまうこともあります。

　サポート・グループの日も，たとえば大雨に見舞われる時があります。そんな日には，スタッフ同士で〈今日は来る人が少ないかもしれませんね〉と話したりします。しかし，ごく一般的と思われるこのよ

うな予想はよく裏切られました。セッション後に，〈意外と皆さん来られましたね〉と，スタッフ同士で話すことになります。

　この意外な感覚の裏には何があるのか探っていくと，次のようなことに思い至りました。それは，「ひきこもり者は，天気からもひきこもる」というイメージです。

　天気によって気分が晴れたり曇ったりするのは，天気が，私たちの生活と関わりをもっているからです。天気から影響を受けて，心が反応するのです。ひきこもり者は，外界との関わりを断って生活しています。私たちが思っている以上に彼らの世界は狭く，外界との壁は強固なのでしょう。「天気など眼中にない」と言えるかもしれません。あるいは，それほど自分の生に必死でいる，とも言えそうです。

　そう考えると，「今日はひどい天気だからサボろう」とか「どうも疲れているから休もう」という選択をできるようになると，外界（あるいは内界）との関わりが回復してきた証拠だと捉えられるように思います。

（5）嫉妬

　男性のメンバーのみが数名参加した回がありました。ある方は，手作業で精巧な模型を作るのが得意でした。それをインターネット・サイトで紹介したり，販売したりすることもあるということで，作品を持参してくれたことがありました。それは本当に素晴らしいもので，《Eさん，すごいですね！》と，女性スタッフは素直に褒めました。

　このセッションはそのまま滞りなく経過したのですが，翌回にF氏が「前回，スタッフの××さんがEさんの作品を褒めたので，僕は嫉妬しました」と心情を吐露しました。この方はまだグループに来始めたばかりだったのですが，恋心を抱きやすく，日頃から対人関係に苦労していました。女性スタッフがE氏を褒めたことで，「嫉妬した」というのです。この方らしい反応の仕方でしたが，そのときのE氏の反応がまた特徴的でした。

　E氏の反応は，ポカーン……とした表情でした。「言っている意味が
よく分からない」という感じでした。E氏は，ひきこもり歴も長く，
あまり言葉を発しない方です。「嫉妬」は，複雑な感情です。三者以上
の人が登場し，心が交錯します。E氏は，このような嫉妬を今までに
経験したことがなかったのではないでしょうか。「①自分が女性から好
かれている。」と②他の人が認知している，という状況です。①も②も
経験がなく，ポカーンとするしかなかったのではないか，と私たちは
捉えました。

　この場面の捉え方はさまざまでしょう。治療グループであれば，心
理力動を丁寧に捉えて，情緒的反応の意味を言語化していくでしょう。
スタッフの対応としても，メンバーの情緒的反応を十分に考慮して関
わるでしょう。

　本サポート・グループでは，スタッフが必要以上に場を盛り上げた
り，メンバーが強い感情体験をしたりすることは控えるようにしてい
ます。しかし，基本的には，ごく当たり前の情緒的交流をすることを
方針としています。従って，女性スタッフがE氏を褒めたのも，E氏
に対する自然なエンパワメントとして捉えています。F氏は，冗談を交
えながらも強く反応したのですが，このときは他のメンバーから「本
音を言うのは大事だと思いますよ」という声かけもありました。

　本グループでは，心理力動を分析して取り上げることまではしない
けれども，対話の中で体験を共有することは心がけます。心の反応や
対人的交流を「体験する」ことを何より重視しています。ただし，そ
れはなるべく穏やかに，そしてどのような反応も自然なものなので，
それをある程度受け止められることを目指して関わるように努めてい
ます。

（6）グループに参加すること／しないこと

　グループへの初訪問には大きな勇気が要ります。「ここのことを知っ
たのは2年前です。実際に来るまで，2年かかりました」と言う人が

います。また，体全体から緊張感を伝えていたあるメンバーは，セッション後にこう言いました。「頭が真っ白で，みんなが何を言っているか分からなかった」。支援者は，彼らと同じ体験をしているわけではないので，その緊張感を精一杯想像する必要があります。

　スタッフとしては，メンバーがグループに続けて来てくれることを願います。そのために最大限の配慮をしますが，それでもスタッフが期待するようにメンバーが来訪するわけではありません。欠席が続いたあるメンバーは次のように言いました。「ここにはしばらく来れなかったけど，手帳には書いてました。『ああ，今日は△△（※サポート・グループの名称）の日だな。○○さんたちがあそこにいるな。××さんも来ているかな』とかって」。

　来られなくなる事情は人それぞれなのですが，私は次第に〈グループに来るだけが全てじゃない〉と思うようになりました。「支援の場に来なくても，支援の場の意味はある」ということをメンバーたちが教えてくれました。メンバーたちの頭（あるいは心）の片隅に，グループは存在しています。来なくても，ひきこもり者たちの外界との関わりはすでに生じている，と捉えるべきでしょう。従って，仮にスタッフが期待するようにグループが展開できていないとしても，「うまくいっていない」と考えるのは早計です。

　頑張って数回グループを訪れたけれど，その後ピタッと来なくなってしまった方がいます。本グループでは，1年間の間に関わりのあったメンバーに年賀状を送るようにしていました。その方は，「数年間年賀状に縁がなかった私にとって久しぶりの年賀状でした。今年の元旦は嬉しい日になりました」と，丁寧なお返事をくれました。そして，しばらく年賀状のやり取りが続いた後で再訪し，社会との関わりを回復する足がかりを得ることができました。年賀状の送付は，一枚50円ほどでできるささやかな工夫の一つです。来ない方に対して，グループ体験の一端を提供することができたのかもしれません。

　場に現れない，言葉をなかなか発しないひきこもり者の心を想像す

るのは難しいのですが，想像する努力を怠らないことが非常に大事だろうと思います。

3．個人事例

　ひきこもりの理解と支援について考えるために，匿名でメンバー個人に焦点を当てます。どのような方がサポート・グループを利用し，彼らにどのような場や体験を提供できたのかを検討します。

（1）涼しげな笑顔

　G氏は，小学生の頃にいじめを受け，不登校の後に数年間ひきこもりの状態にありました。G氏が初めて来訪したとき，私たちスタッフは何ともつかみどころのない感じを抱きました。ひきこもりの方は，非常に強い緊張を抱えて外に出ると理解していたのですが，G氏の雰囲気には独特なものがありました。むしろ涼しげな笑顔をたたえていて，緊張は感じられませんでした。問いかけには答えますが，自分から話すことはほとんどありません。その爽やかな表情のまま，初回のセッションの時間を終えました。

　G氏がこの場をどのように感じたのか，つかむことはできませんでした。ふわふわと，かつ飄々とした感じを受けて，スタッフは〈それほど続けては来ない方ではないか〉と予想しました。しかし，その後G氏は，ほぼ休むことなく来訪を続けました。自己紹介で「前回の感想は，楽しかったです」と決まったセリフを言うのみで，爽やかな表情のままグループにいます。決まった項目に沿って毎回同じようになされる自己紹介とこのセリフは，G氏にとっての「切符」でした。この切符を提示すれば，この場に居られます。スタッフは，「居られる」以上のことをなるべく求めないようにし，G氏の継続参加を見守りました。

　1年，2年と経過するうちに，G氏の顔つきに変化が見られました。〈G氏はこんなに格好良い人だったんだ〉と，凛々しい印象が感じられ

るようになりました。そして、「美味しい」「気持ちがいい」など、感情を表す言葉が話されるようになりました。「ここに来て人と話すのが楽しい」と、ポツリと言うこともありました。そして、3年目には時折アルバイトをするようになりました。

　日々の変化はささやかでしたが、徐々に情緒が動き、表に現れてくる経過だったと思います。第2章で言及したように、「ひきこもりの長期化は時間を止める」と私は理解しています。本グループのような場所への来訪を続けることは、それだけでさまざまな体験がありますが、その一つは「外の空気に触れる」ことです。暑い空気、湿っぽい空気、冷たい空気……。すなわち、場への来訪を続けるということは、外の空気に触れて季節が巡ることを意味します。それを体験するのです。

　グループでのG氏の基本姿勢は、涼しげな笑顔をたたえて他の人の話を聞くというものでした。グループで継続的に体験される他者からの刺激や、行き帰りの道すがら感じる季節の変化などが重なって、ひきこもり者の時間が動き出すのだろう、と理解しています。時間の進行は情緒の活性化と共に起こるもので、結果として表情や言葉に血が通ってくると思われます。

（2）優等生

　ひきこもり者がグループに居場所を確保できることを目標にしていますが、もちろん、それが達成されれば支援が完了するというわけではありません。支援を求めるひきこもり者たちの多くは、元気になって社会へ出たいと思っています。

　H氏は、律儀・真面目を絵に描いたような人で、好感のもてる誠実な人柄の青年でした。仕事に就いた経験もあるのですが、長くは続かず、ひきこもりの生活を続けていました。ほど良い緊張感と共にサポート・グループにはスムーズになじみました。奇異な印象もなく、常識的な振る舞いが特徴的です。H氏は休まずに来訪を続け、内省を通

した発言もできました。いわば，グループにおける「優等生」で，スタッフとしては頼れる存在でもありました。

「アルバイトの面接を受けに行こうと思います」と，H氏は言います。スタッフはその度に応援しますが，二度三度四度と，「面接に行けなかった」という報告が続きました。スタッフは，最初は応援する気持ちでいるものの，だんだんイライラしてきます。あからさまなイライラではないのですが，落ち着いて自分の心の動きに目を向けると，幾分イライラが生じていることに気がつきます。

「イライラの裏に期待あり」です。イライラが生じるということは，その奥に何か期待していることがあり，それが叶わないのでイライラするのです。H氏に対するほのかなイライラはどこから来ているかと言えば，「社会へ出てほしい」というひきこもり者への期待感であることが分かります。本サポート・グループではこの場に「居られる」ことを目的としたのにも関わらず，それ以上のことをメンバーに求めてしまっている，ということです。

H氏への対応についてはスーパーバイズでも検討を重ねました。「社会へ出なければならない」というプレッシャーがひきこもり者を苦しめていること，支援者もそれに加担していることを自覚し，グループの目的に立ち返ることを続けました。スタッフも葛藤を抱えながら，関わりを続けることになります。

H氏は，グループを欠席することが増えました。体裁の良い言葉を言わずに沈黙する場面も増えました。スタッフは心配したのですが，その後，アルバイトの面接を受け，やがて正社員として就職していきました。

何が正解なのかは一概には言えませんが，〈H氏はようやく優等生を下りることができたのではないか〉と，私たちは考えています。格好悪い姿をさらし，それでも構わないということを体験し，社会的なプレッシャーから解放されていったのではないでしょうか。

（3）知性派

　Iさんは，知的な雰囲気を身にまとった女性です。趣味は「考えること」で，特に看護や福祉の分野に詳しいです。学術的な知見を踏まえて，社会情勢などをしっかり説明することができます。大学生であれば，きっと良い成績を収めるでしょう。グループでは，「よく勉強していて，専門的なことを教えてくれるお姉さん」というポジションでした。スタッフが聞いていても勉強になり，興味を惹かれる話をよくしてくれました。

　結局のところ，その理由は十分に把握できないままだったのですが，学校でうまくいかず社会不適応をきたしてひきこもりに至ったようです。対人関係がうまくいかなかったのか，「どのように生きていくか」というような実存的な悩みだったのかも，はっきりとは分かりません。

　あるとき，「悩んでいること」について（パスありで）円座の順に話していく回がありました。メンバーたちは，「暇なときにどう過ごしたらいいか」「ネット上の対人関係について」「歯が痛いことです」などと話していきました。自分の番が回ってきたとき，Iさんは非常にナチュラルに「私の妹の悩みは大学での人間関係で，……」と話し始めました。ユーモアも交えながらの分かりやすい話しぶりで，メンバーたちはIさんの話をしっかりと聞いていました。

　もちろん，スタッフは〈おや？〉と違和感を抱きましたが，ともかくもIさんの話を聴きました。Iさんは妹の悩み事の話を終え，そのままスムーズに隣の人へバトンタッチしました。

　フロイトの精神分析理論では，「知性化」「抑圧」「投影」等の概念で説明できそうです。「悩んでいること」について，皆さん当然，何であれ自分の悩みを話しているのですが，Iさんは自分の悩みではなく妹の悩みをスルスルと語りました。この時，他のメンバーがどう感じていたのかは分かりません。深くは考えず，違和感なくIさんの話を聞いていたのかもしれません。

　メンバーが抱える問題を丁寧に取り扱う治療グループであれば，こ

の違和感をその場で取り上げるでしょう。「知性化」等の心の作用に言及するかもしれません。サポート・グループでも取り上げて良かったと思いますが，この時の判断で，「Ｉさんの悩み事が語られない」違和感は指摘せずに次へ進みました。

　ひきこもり支援では，「安心してひきこもれる環境を提供する」ことが大事だとよく言われます。私にも同様の基本姿勢があります。彼らには，「嫌なことがあったらひきこもる」という戦略があります。支援者としては「下手に手を出せない」という状況に陥りがちです。その状況を打開しようとして，真逆にある「ドアを蹴破って引きずり出す」という最悪の方法を選択する人がいるのですが，そうならないよう，他の方法を検討する必要があります。

　日常生活に「嫌なこと」はたくさんあります。特に，人と出会うと一気に刺激が増えますので，期待が膨らむと共に不安も増え，ひきこもりたくなります。ただし，社会へ出たいと思っているひきこもり者にとっては，通らねばならない道です。そのため，Ｉさんに対しても〈今，あなたの悩みではなく妹さんの悩みを話しましたね〉と介入する方法もあるのですが，私たちはSHGにおけるメンバー間の相互援助力を中心に捉え，グループを運営しています。それが有効に機能する場を整えるためのサポートを重視していて，逆に「支援者自身が彼らの問題を改善する」という視点は相対的に弱いです。交わされる言葉数が少ない本サポート・グループにおいても，彼らはここに来るだけですでに刺激に溢れています。従って，〈Ｉさんは自分の悩みに直面する準備がまだ整っていないのだろう〉と理解するにとどめて，ともかく今後もＩさんがここに来続けて体験を重ねることを目指しました。

　Ｉさんは福祉系の専門学校へ通うようになりましたが，悩みを回避するスタイルにはあまり顕著な変化は見られませんでした。本グループの限界を示す一例とも捉えています。

（4）場の空気が読めない

　本サポート・グループは，第 4 章で述べたような構造で行っているため，あらかじめ十分な心理アセスメントを行うことができません。大まかな概要を把握した後，グループでの経験が積み重なっていくことで，徐々にアセスメントが進んでいきます。

　そのため，たとえば「発達障害」と言っても，そのように診断ができるわけではありません。恐らく発達障害の診断のつく方だろう，と想定できるところまでです。程度もさまざまで，その傾向があるために対人関係に苦労しているのではないかと想像できる方から，特徴が色濃くて専門的支援が必要だろうと考えられる方までいます。たとえば，同じ場に女性がいるにも関わらず，おもむろに鞄からグラビア雑誌を出してめくり始めた方がいました。延々とプロ野球の話を続ける人もいました。状況に応じた適応的な振る舞いを取ることができず，これでは学校や職場で苦労するだろうと想像できる方たちです。

　本章の第 1 節「サポート・グループの経過」で述べた通り，本グループには発達障害の特徴をもった方たちにとって居心地が良かったようです。アニメでも政治学でもスポーツでも，何であれ自分の話をどんどんしても，基本的にはみんなでその話を聞くので，嬉しくなってますます話が進むようでした。中には，「ちょっと自分ばかり話し過ぎたかもしれません」と苦笑する方もいました。

　本グループでは，精神疾患に対する根本的治療ができないのと同様，発達障害に対する療育もできません。もちろん，すでに診断を得ている方に対しては，発達障害の概念を通じて，その理解と対応を話題にすることができます。自閉スペクトラム症や ADHD などの名称を使用するかどうかはケース・バイ・ケースとして，その特徴を共有することで社会適応力の向上を目指すこともできます。

　ただ，そのような方たちに対して本グループが提供できたのは，それ以上に「自己肯定感を高めること」だと思います。自分の特徴や性格上の偏りのことを，私たちは誰も十分に捉えられていないものです

111

が，発達障害の特徴をもつ人はますます，対人関係がうまくいかない理由を分からずにいることでしょう。

　社会適応力を高めるためには自身の特徴を知っていくことが必要になりますが，本グループのねらいはそのもっと手前にあります。社会でもう少しうまくやっていく方法があるかもしれないと，自分の人生に希望をもつことです。そのためには，自分が大好きなことに耳を傾けてくれる人がいて，「自分が好きなことは，好きでいていいんだ。それを人に伝えてもいいんだ」と思えることが必要です。そのため，本グループでは彼らの不器用な話をなるべく丁寧に聴くように心がけますし，前述したように，どうもスタッフよりもメンバーたちの方がしっかりと聴いてくれるようです。

　しかしもちろん，彼らの話をどこまでも聞き続けられるわけではありません。メンバーたちも飽きてきますし，スタッフもイライラしてくることがあります。そのようなときは，スタッフがイニシアチブを取って話題を変えたり，〈○○さんも話したそうなので，次の方に回しましょうか〉と言ってみたり，適切な対応を考えます。本人が「また話し過ぎてしまった」などと言う場合は，このことを話題として取り上げて自己理解を促すこともあります。

　メンバーによっては，数年に及ぶグループ参加の過程を経て，幾分か状況を踏まえた振る舞いを身につけていった方もいます。それは，私たちスタッフが療育や心理教育をしたということではなく，グループ以外の場面での体験も含めて，メンバーが少しずつ学びを進めた結果です。典型的な発達障害の方も，自分の生活場所を何とか得ていきました。

（5）困っていない

　ひきこもりの方たちのほとんどは，悩み苦しんでいます。しかし，長年ひきこもり生活を続けながら「困っていない」と言う方がいます。臨床心理学は，基本的には「困っている」人を対象とします。ひきこ

もりに関しても，「本人が困っていないのならそれでいいじゃないか」という考え方があります。それは，そうかもしれません。支援者が躍起になって何とかしようとするのは，困っていない本人にとっては「大きなお世話」というわけです。

　私も，原則的にはそのように考えます。それぞれの人は自分の人生を生きているわけで，それが自分の選択であるなら，基本的には尊重されるべきだと思います。

　Jさんは，「困っていない」と言う方でした。しかし，親御さんは困っていました。Jさんは素直な方だったので，心配した親御さんに勧められてグループに来たのです。Jさんはしばらく参加を続け，その過程で発達障害の概念を知り，受け入れ，他機関で診断を得て福祉サービスを利用するようになりました。

　私たちはJさんのことを，想像力を働かせることが苦手な方なのだろうと捉えました。ひきこもり者は一般的に，「みんなバリバリ仕事をやっているのに自分は…」「みんな，恋愛とか結婚とか，楽しくやっているんだろう」と想像するために，苦悩を抱えます。しかし，恐らくJさんは同級生たちの生活をこのように想像する力が弱いために，苦しさを感じなかったのでしょう。また，ひきこもり者は「このままではまずいことになる」「親が死んだら路頭に迷う」などと想像するので，社会に出られない現状との間に葛藤が生じて苦しみます。しかし，Jさんはこのように将来を想像する力が弱く，現状の気楽さに満足していたのでしょう。

　しかし親御さんは，(特に経済面で) この生活が続くとどうなるかが分かるので，Jさんの現状に困っていたのです。親御さんが困っている場合，支援者が対応する必要が生じるので，その方法を検討することになります。

　では，家族も困っていない場合，支援者は何もしないで良いのでしょうか。原則的には本人の意思が尊重されるべきと私は考えますが，実際はそう単純ではありません。Jさんは，自分の意思というより，機

能的に想像力を働かせることが難しいため,「困っていない」状態にあるだけなのです。この判断が難しいのですが,Jさんの場合は仕事に就くのに強い抵抗を示したわけではなく, 親御さんの勧めに素直に従って仕事までたどり着いたのでした。結果的にも, 周囲の状況や今後の人生を十分に検討したうえでひきこもりを選択したのではなく, 機能上の困難さによって判断することができなかったことが分かります。

　Jさんの武器の一つは素直さでしたので, 必ずしも本サポート・グループでなくても, 仕事を得る経過をたどることはできたのではないでしょうか。ただ, 親御さんにとっては本グループがアクセスしやすく, Jさんが他者と関わる中で, 一定の納得感を得て生活を選択する過程だったのだろうと思います。

（6）その他

　たとえば, 社交不安症, パニック症, 強迫症, 発達障害等, 背景に抱えているものがさまざまであっても, 社会から離れている一定の期間があれば,「ひきこもり」と判断されます。特に本サポート・グループでは,ひきこもりかどうかを判断して受け入れるわけではないので,いわゆる「自称ひきこもり」の人たちが来ます。中には, すでにアルバイトを開始したけどコミュニケーションに苦労している人や, 途中でアルバイトをするようになる人も参加を続けています。

　つまり,「ひきこもり」と聞いて一般にイメージされるような大人しい印象の方ばかりではなく, 本当にさまざまな方が来ます。普段は家にいるけれども, 選挙の時期になると選挙カーに乗って声をからす人がいました。歓楽街の仕事をしていた人で, 無気力に陥った状態の方もいました。集団を組織して社会的な活動をできるのに, 一対一では極度の緊張で話せなくなってしまう方もいました。

　このように多様な方たちに対して, 単一の支援方法を作るのは無理な相談だと思います。就職すること, 対人緊張が軽くなること, 細かいこだわりが和らぐこと……。支援の目標をどこに設定するかによっ

て，留意すべき点と方法論が変わってきます。

　本サポート・グループの対象者は「SHG に参加したいけれども，うまく溶け込むことができない」人たちで，彼らが場に「居られる」ことを目的としました。多様な方たちがいますが，この目的に照らせば，方法論は定まってきます。それに，ひきこもりの方たちへの対応で支援者が苦労するのは，「物理的にも心理的にも関わることが難しい」という，まさにこの点だろうと私は捉えています。従って，この場を通じて関わること自体が「ひきこもり」の問題の根幹への対応ではないかと考えています。

　しかしもちろん，適応的な社会生活を送るためにはまださまざまな壁があることでしょう。それらに対しては，社交不安症，強迫症，自己愛性パーソナリティ，発達障害など，それぞれのアセスメントに沿った理論と対応の技術が有効になります。本グループは，それらの特徴の理解も念頭に置きますが，精神疾患の治療をするわけではありません。

　さまざまなタイプの問題を抱える方が，それぞれの事情によって人や社会と関わることができなくなってしまった。本グループでは，この場に居られることを通じて，その接点を回復する支援を考えました。従って，この活動を通して得られた方法論は多くのひきこもり者に対して有効ですし，ひきこもり支援の要諦として押さえるべき点があるのではないかと思っています。

　ただし，地域の SHG に参加したくて訪問する人は，ひきこもり者の中のごく一部です。私がお会いできた方たちは，ひきこもり者全体の中で，偏った層の人たちです。そのため，ひきこもり支援の一試論として捉えていただけると幸いです。

第6章

ひきこもり者と関わる際のポイント

　ひきこもり支援の良書はたくさんあり，これ以上指摘するべきポイントはないような気もしますが，支援者×場×目的の掛け算によって見える景色は変わりますので，サポートグループの実践経験から伝えられることを記述したいと思います。

　第1章～第5章で検討したことを踏まえて支援のポイントを伝えますが，特に，「ひきこもり者とどう関わるか」という点に着目します。ひきこもり支援の最大の困難は「関わることができない」「安定した関係性を築けない」という点にあると思われるからです。

1．空間の真ん中にボールを落とす

　「ひきこもり者と関わる」ということにはさまざまな含意がありますが，真っ先に思い浮かべるのは対話の場面です。

　「会話のキャッチボール」という言葉があります。話しかけると，相手がそれを受け止めて言葉を返してくれる，という相互行為のことです。しかし，ひきこもり者はこれが怖いのです。人から話しかけられ，言葉が自分の方に飛んできたら，どうしたら良いか分からない。言葉にはさまざまな感情が含まれていて，コミュニケーションに使うには何と難しい道具でしょう。しばらく言葉を使っていなかったら，怖くてたまりません。またひきこもりたくなってしまいます。

　本サポート・グループでは「居られる」ことを目的としましたが，対話をしないというわけにもいきません。円座になって自己紹介などをしていく中で，〈○○さん，どうですか？〉などと問いかけること

もあります。そのような時にカチッと沈黙するひきこもり者がいるのは，支援者の方には経験があると思います。これは，一対一の場面でもグループでも同じです。

　私がひきこもりの方たちと対話をするときのイメージは，「空間の真ん中にボールを落とす」ように話すことです。つぶやくような，独り言を言うような話し方です。〈人が一杯いるところに行って疲れることがありますよね……〉〈その映画，私も観ましたよ。面白かったですね……〉と，語尾に〈…〉をつけるような感じです。

　本サポート・グループでは円座になりますので，その真ん中に，つぶやきをポトッと落とす感じで話します。誰かに向けて〈○○さんはどう思いますか？〉と直球を投げるのではなく（もちろん，そうするときもあるのですが），空間の真ん中にポンポン……と落としたボールをみんなで見つめるイメージです。見ているだけで構いません。そうすると，一時は沈黙の時間になります。そのボールを拾って投げたくなったら，「私も映画観ました。主人公の△△，格好良かったですね」などと話す人もいます。

　第5章でも触れた，「安心してひきこもれる環境」は，対話の場面では「話されている意味がよく分からなくても構わない。黙っていても構わない」ということでしょう。自分に向かって言葉が飛んできたら，このひきこもりを保障することはできません。

　この方針で「対話」をするなら，時間の進行はゆっくりと，ぼんやりした，ぼそっとした感じが，ひきこもり者にとって居心地が良いでしょう。私が身近に知っているひきこもり支援者も，このような雰囲気をまとった人が多いようです。

　この雰囲気は，グループの方がなじみやすいかもしれません。一対一の関係だと，どうしても直球のやり取りになりがちです。しかし，「相手との間にボールを落とす」イメージをもつことは，面接室における二者関係でも可能です。その場合は，視線を相手の目から外す時間が長くなるように思います。〈そうかもしれませんね……。なるほど

……〉などとつぶやく時間を大事にします。

2．まったりとした沈黙を目指す

　対話の場面で「沈黙」を苦手にする人は多くいます。多くの人が苦手でしょうし，カウンセラーの卵である大学院生たちも，苦手意識が強いようです。

　沈黙に悩まされない場面のイメージは，相手との関係性が言葉で埋められていて，スムーズに対話が流れているときでしょう。ひきこもり者の多くは，うまく言葉を発することができないか，怖さゆえに関係性を（時に無意味な）言葉で埋め尽くす，ということをします。いえ，支援者もまた，沈黙を恐れるがゆえに，関係性を言葉で埋め尽くしたくなります。

　しかし，沈黙の恐怖に対処する方向は，言葉で埋める以外にもう一つあります。それは，ピンと張りつめた，あるいはとげとげしい沈黙から，まったりとした沈黙へ向かう道です。私たちが家族や恋人といるときの沈黙には，居心地の良いものがあります。それは，十分に慣れ親しみ，安心感を抱いているために，意識せずに済む空気のような存在になっているからです。

　ひきこもり者が，緊張し，勇気を振り絞って支援の場に来ているとき，このような沈黙を作ることはすぐに達成できるものではありません。ただ，支援者が恐怖に駆られて沈黙を言葉で埋める以外に，まったりとした沈黙を目指すという方向性があることは知っておくと良いでしょう。

　では具体的にどうすれば良いかというのは難しいのですが，支援者自身がまったりすることは重要でしょう。支援者が，支援の現場でまったりするというのは変な感じでしょうか？　対象者が抱える問題を改善しようと，ターゲットを定めて介入する場合は，いわば「攻める」関わりが必要でしょう。しかし，本サポート・グループの「居られる」（つまりは，他者と関われる場に居る）というねらいのためには，支援

者がまったりするというのは理に適っています。

　もちろん，支援者がまったりしたからと言って，ひきこもり者がまったりできるわけではありません。では，共にまったりするにはどうすれば良いのか，ということになりますが，やはり「この場でひきこもることを保障する」「適度に放っておく」という姿勢が良いと思います。

3．刺激を最小限に留める

　ひきこもるということは，自分を苦しめる刺激から極力遠ざかろうとすることです。刺激から退却したいわけです。だから，彼らが支援の現場に来るには，物凄い勇気が要るのです。強烈な刺激が行きかう場に身を投げるということです。

　支援者がひきこもり者と何らかの関係を築くためには，彼らに与える刺激を極力減らすことを考えるべきでしょう。外出すること自体，刺激の海に飛び込む行為なのですから，5分お会いするだけでも十分です。支援の場に来ること自体がすごいことです。「対話」などしなくても構いません。

　私は，多くのひきこもりの方たちとお会いする中でこのような理解に達しましたが，それでも彼らの気持ちを分かっているとは思えません。日頃から当たり前のように多くの刺激を受けて生活している人にとって，彼らの感覚を想像することは難しいのです。

　個人カウンセリングでもグループでも，一般的には「自分の考えや気持ちを話す」「主体的に行動する」ことが目指されるでしょう。自分の人生の主人公となり，力強く生きていくイメージです。ひきこもり者であれば，自分の生活についてよく考え，社会に出る方法を模索してほしい，と願います。

　しかし，「自分」にスポットライトが当たり，主人公となるのは緊張が強くなりすぎます。その刺激はダイレクトすぎて，とても耐えられないでしょう。他者と関わる場が「舞台」だとすれば，いきなり主人

公にならなくても良いでしょう。しばらくは脇役で良いのです。隅っこの方でじっとしゃがんでいる脇役でも構いません。しかし，舞台にいるだけで，さまざまな刺激を受けるには十分です。むしろ観客でも良いでしょう。

　私たちは，社会という舞台の上で，たくさんの刺激にさらされながら生活を送っています。そんな大変なことをよくやっていますよね。ひきこもり者たちはその緊張に耐えられない，と考えれば，彼らの心情も分かる気がします。「私も舞台に上がろう」と支援の現場に出てきたひきこもり者に対しては，まずはその勇気を受け止め，刺激を最小限に留めることを目指しましょう。

　従って，グループの中では，「話さなくても良いので，その場に居る」ことを目指します。数年経った他のメンバーが，より行動的な話をする場合があります。自分の人生の主人公になることが目指されるにしても，その準備が整うまでには時間がかかります。他の人たちの存在や言動に触れることが，ひきこもり者にとっては大きな刺激です。しばらくは，それを体験することで十分でしょう。

4．時間が動き出す／皮膚が形成されるのを待つ

　時間が動き出す／皮膚が形成されるのを待つ，ということについては，すでに本書で何度か言及しました。

　過去は思い出したくない，未来に希望をもてない，だからひたすら今を生きる，というひきこもり者のイメージを私はもっています（もちろん全員ではありません）。「時間を止めた人たち」というイメージです。

　ケース・バイ・ケースですが，外界と接して刺激を得ていくと，3，4年経つと「時間が動き出す」印象があります。支援者としてはそれまで辛抱強く関わり続ける必要があります。専門的支援としては，活動資金の捻出という現実的な課題もあるので，焦らずに時間と空間を共有することです。

　全身の皮膚がむけた状態（第1章）では，カウンセリングを受けることはできません。まずは，外界の刺激に十分触れられるだけの皮膚が形成されることが必要です。

　「時間が止まっている」「皮膚がむけている」というのは，外見では分かりません。私がここで述べている理解がどこまで正しいかは分かりませんが，社会で多くの刺激を受けて生活している私たちの感覚と彼らの感覚が違うことをよく認識しておくべきです。支援の心をもって関わる者は，まずは精一杯，彼らの状態と心情を理解することに努めるべきでしょう。

5．主訴はない

　本サポート・グループを初めて訪れた方たちの多くは，主訴といえるほどはっきりした動機をもっていません。参加した理由を尋ねると，「このままじゃまずい」「何とかしなくちゃ」という応答がもっとも多かったようです。カウンセラーの視点からは，これはとても「主訴」とは言えないものです。主訴であれば，「〜〜に困っているので，〜〜のようになりたいのです」と言ってほしいところです。一般の個人カウンセリングでも主訴がはっきりしない方がいますが，その場合は「主訴を明確にする」ことを当面の目標とします。

　ひきこもりの方たちは現実社会との関わりが非常に少ないために，「これをしたい」「こうなりたい」という具体的なビジョンを描くのは難しいのでしょう。到達目標を定めてそれに向かって共同作業をする，というカウンセリングを受ける準備はまだ整っていない感じがします。

　しかし，ともかくも支援機関を訪れたひきこもり者は，何らかのきっかけを得て外に出てきたのです。私がサポート・グループの経験から捉えたのは「焦燥感」で，これが「このままじゃまずい」「何とかしなきゃ」という言葉に現れています。この焦燥感を原動力としてグループを訪れたけれども，数回後にはエネルギーが切れて再び家に戻る

方もいました。そうならず，継続的に参加できるように支援したかったのですが，こちらの期待通りにはいかないことも多いです。それでも，せめて勇気を振り絞って支援機関を訪れたからには，希望を抱ける社会の一側面を体験してほしいと思います。支援者として，この点は達成できる目標として設定できそうです。

6.「普通」の価値観から距離を取る

「普通」の価値観から距離を取ることについては，第3章で事例を踏まえて検討しました。

図6-1は，私が好んでよく描く図です。臨床心理学をベースとした対人援助には必須の姿勢であり，スキルだと思っています。図6-1の大きな円は自分自身を表しています。その中の色つきの小さい円は心／意識を表します。意識を一旦体の外部に飛ばして，自分自身を見る目を養います。カウンセリングを行う面接室では，意識（あるいは目）の半分を天井に飛ばして，そこから「自分」「相手」「自分と相手との関係性」の3つを捉えるようにします。

「普通」という言葉は，頻繁に使われますし，使われないとしても私たちの感覚に強烈に根づいています。第3章で検討したように，私たちは「普通」にとらわれています。このことは，社会学や文化人類学などでも主要テーマとして捉えられています。

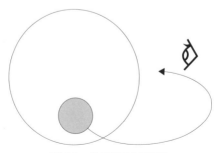

図6-1　自己観察の重要性

　ひきこもり者もまた「普通」の感覚にとらわれ，苦しめられています。私たち支援者は，多くの場合意識化されていない「普通」の感覚をもって，彼らを苦しめる存在です。

　対人関係からなる社会には「普通」が存在し，私たちはそれに適応しなければならないとすれば，「普通」に縛られるのは仕方のないことです。しかし，この当たり前の感覚が彼らを苦しめているという点は，よく知っておく必要があるでしょう。

　ひきこもり者は，社会生活を送る者以上に，「普通」にがんじがらめになっているのではないでしょうか。「普通」とうまくつきあうことができないために，思考・感情・時間を停止してしまったように見えます。彼らが「普通」の恐怖から懸命に身を引いているのであれば，支援者としてもまず「普通」から距離を取ってみてはどうでしょうか。繰り返し，自分が縛られている「普通」の価値観を自己観察し，そこから発せられる言動を一旦保留にしてみます。それがある程度達せられると，ひきこもりの方たちは支援者に安心感を抱いてくれる気がします。

　ただし，良くも悪くも，普通の価値観から隔絶された空間を作ることはできません。支援の現場には現実的なものが一定程度入り込み，それがひきこもり者たちにとっての刺激となります。それを少しずつ体験することで社会と関わるための皮膚が形成されることは，第5章で提示した事例等からも確認できると思います。

7．恋愛感情への対処

　本章の最後に，恋愛感情への対処について取り上げます。

　さまざまなSHGを見学し，主に代表者の方のお話を伺っていると，「恋愛感情を止められずにグループが崩壊する」というケースが結構多い印象を受けました。そのような調査研究は寡聞にして知らないのですが，実感としては分かります。SHGに参加するようになり，仲間に会って元気になってくると，さまざまな欲求が花開いてきます。それ

は葛藤を生むのですが，新たな行動の動機づけともなるものです。特に，ひきこもりの間には満たすことのできなかった欲求が前面に出てきます。地域のグループは，同年代の男女に会える機会を提供します。ひきこもり者の割合は男性の方が圧倒的に多いため，特に女性は人気が出ることがあります。また，さまざまな欲求が発動しない生活を長く続けていると，突き上げてくるような欲求をコントロールするのに苦労することは容易に想像できます。扱いなれていないからです。

　個人カウンセリング場面でこのような恋愛感情が確認されると，クライエントの「恋愛転移」として分析されることが多くあります。本来，他の重要な他者に向けられるはずの感情がカウンセラーに対して投影された，と解釈してその意味を確認していきます。サポート・グループでも，たとえば支援者への恋愛感情を「恋愛転移」として捉えることは可能ですが，それを言語化し，時間をかけて理解を深めていくことはできません。ひきこもり者が「恋愛転移」という専門的概念の意味を理解するには，そのための構造と時間が必要だからです。

　あるメンバーは，こう言いました。「カウンセラーは『恋愛転移』とか言うけど，恋愛は恋愛でしょう。恋愛転移とか言われてもよく分からない」。私たちの対人関係には少なからず転移の要素が含まれているとすれば，わざわざ転移概念を持ち出さなくても恋愛感情を話題とすることはできます。転移は有効な概念ですが，クライエントには「私のあなたへの感情をまともに取り扱ってもらえない」と，何だかバカにされているような，一人の人として相手にしてもらえていないような感情を抱かせる場合があります。そのため，転移概念の意味を丁寧に取り扱う余裕がない場面では，現実的な対人関係の一コマとして対処する方を私は優先させています。

　従って，恋愛感情に対する支援現場の対応として私は次の2点を基本原則としています。

　①　個人の連絡先を教えない，時間を守るなど，支援の構造化を図ること

②　恋愛転移と捉えるよりは，現実社会で出会うリアルな他者として誠実
　　な対応をすること

　すなわち，恋愛感情に代表されるような強い感情を適切にコントロールできないことで対人関係を壊してしまうという課題を抱えている人に対しては，そのこと自体を取り扱う心理療法をしたいのですが，常にその設定ができるわけではありません。「その構造を設定できないのなら，そもそもその対象者と関わらない」というのも一つの選択ですが，私は関わる方法を探る道を選びました。

　人との関わりをもてば，感情は揺さぶられます。恋愛感情が生じることもあるでしょう。ひきこもり者にとって，出会った人に魅力を感じてドキドキするのは生のエネルギーの顕現です。その意味では，基本的にはそのような体験を歓迎したいところです。

　強い感情のコントロールは難しい課題です。しかし，それは「外界との関わり」があるからこそ生じるものです。支援者は，ひきこもり者の情緒的な関わりを歓迎しつつも，誠実な他者として接することで，ひきこもり者の体験を共に乗り越えるイメージをもつべきでしょう。

　ひきこもり支援とは別の場面ですが，「先生は，私たちに失敗もさせてくれない」と言った統合失調症者がいました。症状が現れないよう，治療者が患者の監視を強め，行動を制限する様についてこう不満を述べたのです。

　本人が傷つき，支援者が対処に苦慮するようなことは，なるべく体験させない方が良いのでしょうか？　それはもちろん，傷つきの程度によるでしょう。本人が対処できる程度の傷つきから体験していって，社会適応力を徐々に高めていくのが上等な支援だと思います。ただし，その全てを計画的に行えるわけでもありません。

　「苦労も含めて楽しいのだ」と言える地点まで進むには時間がかかります。それまでは，支援者も対象者と共に苦労を味わう覚悟も必要でしょう。

　ここで述べた対応方針は，地域の SHG と並ぶ形で設定したサポート・グループの特性から来ていると思われます。病院で行う治療グループであれば，支援の構造化を高め，積極的に恋愛転移の解釈を行うことでしょう。このような支援の枠組みの相違に関する検討は，巻末の補遺で行います。

第７章

家庭訪問

　「不登校・ひきこもり」と聞くと，「家庭訪問」を連想する人も多いでしょう。相談を受けに来ないなら，支援者から訪ねて行こう，と考えます。そう考えて訪問をして，うまくいかなかった経験，あるいはひどい失敗をしてしまった経験のある方もいることでしょう。しかし支援者としては，訪問において相手を傷つけるリスクをなるべく減らし，効果を上げる可能性を高めたいですね。そのために，なかなか関われないひきこもり者の心を理解し，丁寧な家庭訪問を心がけたいところです。

　支援とはそもそも，一般的に思われるように良いことばかりではありません。たとえば，カウンセリングを受けに来るクライエントは「自分の問題に向き合う」ことをしなければなりません。まだあまりよく知らない，信頼できるかどうかもよく分からないカウンセラーを目の前にして，自分のできないこと・恥ずかしいこと・苦しいことを話すように促されるのです。これ自体がつらい経験です。

　実は誰もが「嫌なことは避けたい」と思っています。それはそうですね。でも，社会で生きていくためにはそうも言っていられないので，嫌なことでも必要に応じて向き合い，乗り越えようと努力して生きています。

　自分が当たり前にできることは他の人も当然できるはず，と私たちは思いがちです。しかし，人ができることには随分と差があります。「嫌なことを避けずに向き合う」ことをできる程度も，やはり人によって差があります。加えて，ひきこもり者たちは疲弊し，自信を失い，

127

将来に希望を抱けず，混乱の渦中にいることがあります。他者からの支援を受け入れ，「自分の問題に向き合う」エネルギーが小さくなっているのです。そのため，他のクライエントたちが「自分の問題に向き合う」エネルギーをもって自ら来談するのに比べて，ひきこもり者たちは支援につながりづらいのです。

　そこで，「居場所活動」「家庭訪問」「親面接」など，対面の個人カウンセリング以外の方法が模索されてきました。第4〜6章では，サポート・グループ活動の実践を通して，「居場所活動」の方法の一端を紹介しました。この第7章で「家庭訪問」，第8章で「親面接」について考えたいと思います。

　ひきこもり者にとって自室は「城」です。家庭訪問をするということは，支援者がそこへ踏み込むということです。家庭訪問をされるひきこもり者にとっての「怖さ」を十分に感じてほしいと思います。支援者はまずこの点を押さえなければなりません。人と関わるのが怖くて外的にも内的にもひきこもっている方たちに対して，「徐々に近づく」方法を考えます。

　ケース・バイ・ケースではありますが，多くの場合，家庭訪問の要請は親（あるいはその他の家族）から届きます。ひきこもり者ご本人が家庭訪問を依頼するケースの割合は少ないです。そこで本章では，親の要請から支援者の家庭訪問が始まる状況を想定して，押さえるべきポイントを述べます。

　支援者の目にどう映るかに関わらず，親はそれまでに最善を尽くしてご本人に手を差し伸べてきました。諦めの境地にいたり，自暴自棄になっていたりする親御さんもいらっしゃるでしょう。そこで，「自分ではもうどうにもならないので，専門家に来てもらって何とかしてほしい」と，家庭訪問に一縷の望みを託すことがあります。臨床心理学の立場からは特に，この親の思いをよく検討する必要があります。

　第4〜6章で述べてきたサポート・グループによる支援は，家族関

係にはほとんど触れないものでした。その点に限界がありながらも，サポート・グループの場所を通してできる最大限の支援を模索しました。他方，支援者が家庭に赴く場合は，支援の対象として「家族」を視野に入れるべきでしょう。すなわち，親の要請に応じて支援者が何らかの対処をするという時点で，家族への介入が始まっているのです。

「はじめに」で示したように，本書では「ひきこもり者と支援の関係を築くことの困難さ」への対処について考えます。家庭訪問に関しても，支援の関係を築くためにまず捉えておきたいことについて検討します。ポイントは，「支援者が家庭訪問することの本人及び家族への影響を捉える」ことです。

1．家庭訪問をする際に捉えたいこと

（1）本人が支援機関に来所できないのはなぜか

「支援機関への来所よりも，家庭訪問の方が支援の本来のあり方だ」という逆転の発想もありえますが，時間・資金・マンパワーなどの現実的な点を考えると，本人が支援機関へ来所することを本来のあり方と捉えて良いでしょう。これを前提とすると，本人が支援機関へ来所しないことが例外となります。なぜ，このような例外が起こっているのでしょうか……？

本人が「相談に行くのは面倒くさい」という理由で断固拒否するなら，気力や希望の問題です。「相談に行っても意味がない」と言うなら，動機づけの問題です。「人と話すのが怖い」なら対人緊張，「カウンセラーに怒られるかもしれない」なら劣等意識や自己卑下，「カウンセリングはつらい，嫌だ」なら自分の問題を直視するのが怖いのでしょう。あるいは，「支援機関への来所を親が十分に促すことができないから」とその理由を捉えるなら，親子関係の問題，あるいは親のコミュニケーション上の課題として理解することができます。

今述べたのはいくつかの例にすぎず，「支援機関に来所できない」ことの背景にはさまざまな要因があります。何かが起こる（あるいは起

129

こらない）背景には，必ず複数のことが絡み合っています。いくらベテランのカウンセラーであっても，複雑な要因全てを捉えることはできないでしょう。しかし，可能な限りの情報を得て，これを最大限に想像することはできます。では，その「情報」を誰から得るかと言えば，家庭訪問を要請している親から，ということになります（もちろん，他の情報源も考えることができます）。支援者はこの作業を通して，ひきこもり者が「支援機関に来所できない」のはなぜなのか，十分に捉えられるよう努めます。

　今，この当たり前のようなことに文字数を割いている理由は，「相談のために支援機関を訪れることができる」のはそれだけで一定の健康度の高さを示している，という点を十分に理解することにあります。もっと言えば，仕事や学校へ日々通うということも，一定の健康度の高さを示しています。支援者が家庭訪問をして出会うひきこもり者は，これらが達成できずにいます。以上の理由から，家庭訪問をして出会うひきこもり者と関係を築くことは難しい，ということを支援者は繰り返し意識する必要があります。

　つまり「支援機関に来所して話を聴くことはできないけど，家庭訪問に行けば話を聴ける」とはならない，ということです。支援者が家庭訪問に赴かなければならない背景には十分な理由があり，それを踏まえて対応することができなければ，ひきこもり者と支援の関係を築くことはできません。

　以上のことをまとめるなら，「ひきこもり者と支援の関係を築く可能性を測る」というのが第 1 のポイントです。

（2）本人はこの家庭訪問をどのように捉えているか

　これは，より具体的で重要な確認事項です。親からの要請であっても，基本的にはひきこもり者本人を対象として家庭訪問をすることになります（例外は後ほど述べます）。その場合，ひきこもり者本人はこの支援者の訪問をどう捉えているでしょうか。「ぜひ来てほしい」と歓

迎している，「まあ，いいけど……」と消極的に同意している，応答が
なくて反応が分からない，「ふざけんな」と断固拒否している，あるい
はそもそも親が本人に伝えていない。さまざまな状況が考えられます。
当然，「ぜひ来てほしい」のであれば，支援の関係は比較的築きやす
いでしょう。応答がなかったり断固拒否だったりしていれば，関係を
築くのに困難が伴うでしょう。これら本人の反応については，親に確
認することで，ある程度把握することができます。これにより，（1）
の項と併せて「ひきこもり者と支援の関係を築く可能性を測る」こと
につながります。

　本書で度々指摘していますが，支援とは良いことばかりではありま
せん。良かれと思ってすることが相手を傷つける，というのは支援の
現場でもよく起こることです。ひきこもり者の「城」をノックすると
いうことは，「侵襲性の高い」行為と言われます。侵襲性とは，「侵入
し，襲うこと」です。ひきこもり者にとって，他者や社会は恐ろしい
「敵」です。家を訪ねるだけで，「敵が襲ってきた」という感覚がひき
こもり者に生じる，と理解してください。

　この「敵が襲ってくる」ことに対する本人の準備はどの程度できて
いるのでしょうか。本項について確認することの重要性はこの点にあ
ります。「家庭訪問によりひきこもり者を傷つける可能性はどの程度あ
るか。どうすればそれを最大限回避できるか」を考えるためです。

　この検討によっては，「今は家庭訪問しない方が良い」と判断すべき
ときもあります。断固拒否や，訪問を本人に伝えていない場合の訪問
は，後に親に対して暴力的な行為を生じさせるリスクがあります。こ
のような場合は，第8章で述べる親面接が重要な支援技法になります。

　ただし，ひきこもり者本人が歓迎しているときしか家庭訪問を行え
ない，というわけではありません。親の要請が出発点であれば，少な
くとも親はこの事態に対して困っているのです。その親のSOSに対す
る支援者の応答として，本人への侵襲性を十分に配慮しながら家庭訪
問の可能性を模索することは，方法論の一つとして考えられるべきで

しょう。

（3）家族関係はどうなっているか

（1）（2）では，ひきこもり者本人と関係を築く可能性，及び本人への侵襲性という点を検討しました。先ほど述べたように，家庭訪問は「家」に行くわけですから，必然的に「家族」へ介入することになります。つまり，「家族への侵襲性」という点を検討し，それを最大限回避あるいは対処しなければなりません。たとえば，家庭訪問の後に家庭内で暴力が吹き荒れるような事態を予測し，回避しなければなりません。

その際，家族関係をある程度把握する必要があります。たとえば，両親，ひきこもり者本人，弟という家族構成であれば，この4人の関係性はこれまでどのようなものだったのか。子どもたちが小さい頃から，どのようなコミュニケーションがなされて現在に至るのか。本人のひきこもりを巡ってはどのような対話がなされ，誰がどの程度心配しているのか。お母さん一人だけが本人のサポートに関わっているのか，それとも家族で協力しあっているのか。本人が信頼している家族はいるか，いるとすれば誰か。

このように，家族それぞれがお互いにどのような気持ちを抱いて生活しているのか，ありありと分かるように確認できることが理想です。良好な関係を築いている家族に対しては，家庭訪問がそこに亀裂を生まないように注意します。良好な関係にない家族に対しては，家庭訪問がその葛藤を増幅させる可能性があるため，慎重さが求められます。

お母さんからの要請を受けて本人の家庭訪問をする場合は，母子関係が特に重要になります。お母さんが子どもを心配しているとして，本人はその気持ちをどのように受け止めているのでしょう。感謝しているのでしょうか，うざいと思っているのでしょうか，それとも殺したいくらいの強い怒りを抱えているのでしょうか。強い怒りを抱えている場合，最悪の場合は何らかの事件に発展することもありえます。

　家庭訪問とは，第三者が家に入るということです。ではそもそも，そこは頻繁に第三者が訪ねてくる家庭なのでしょうか，それとも滅多に第三者は来ない家庭なのでしょうか。前者の場合は，支援者もその中の一人として捉えられるかもしれませんが，後者の場合，この家族にとって支援者の来訪は非常に珍しい出来事となります。すなわち，家庭訪問が本人と家族に強い刺激を与えることが予測され，「侵襲性」が高くなる可能性があります。「家族もまた社会からひきこもっている」と指摘されるように（斎藤，1998），ひきこもり者の家庭の多くは後者です。滅多に第三者が来ないところに，(この例の場合は) お母さんの強い希望により支援者が家庭を訪れることになります。この訪問は，家族のそれぞれにどのような気持ちを起こさせ，どういう影響を与えるのでしょうか。

　無関心なお父さん,「もう放っとけよ」と思っているお兄さんがいるかもしれません。あるいは，お父さんもお母さんと同じように家庭訪問を切望しているかもしれません。この家庭訪問を家族それぞれがどのように受け止めているかを確認するだけでも，家族関係とそれへの影響をある程度捉えることができるでしょう。

（４）親は，どのような考えのもとに家庭訪問を希望しているのか
　（１）〜（３）から，要請を受けてすぐに家庭訪問へ行くことのリスクを分かっていただけたと思います。「家族への介入」という点からは，もう少し踏み込んで考えるべきことがあります。「家族関係への介入」と言えば分かりやすいかもしれません。

　家庭訪問をして，支援者がひきこもり者本人と良好な関係を築くことに成功し，ひきこもり者が徐々に元気になっていくのであれば，それで良しとすることができます。ただし，支援者とひきこもり者との関係づくりがうまくいくとは限りませんし，他方で親子関係は生涯続いていくものです。そう捉えると，親から要請を受けたのであれば，親子関係が良好で支援的なものになることを目指して介入する，とい

う視点をもつことが有効でしょう。

　従って，たとえば関わる努力を放棄した親が支援者に「丸投げ」を
して，本人とはもう会話もしないとすれば，支援者の家庭訪問はその
冷めた親子関係を温存するのみ，ということになりかねません。「家
族関係への介入」という視点をもつなら，ただ本人を訪ねるのみなら
ず，さまざまな関わり方を工夫できそうです。

2．初期コンタクトの方法

　以上の点を踏まえると，家庭訪問を実施する前に，親御さんと上記
のことを丁寧に確認する時間が必要となります。これをスタートとし
て，初期コンタクトの方法について下記 9 点を検討します。このうち
何点かは，第 4 ～ 6 章で述べたサポート・グループの実践から導き出
されています。

（1）支援可能性の確認

　サポート・グループでは，ボランティアとして持続可能な支援方法
を検討しました。結果的に 15 年ほどの期間，グループを開催するこ
とができました。

　では，家庭訪問は一体どれくらいの期間，行うのでしょうか。これ
は，どのような支援機関で，誰が，どのような方に対して行うかによ
って変わってきます。時間・資金・マンパワーが十分にあれば，長期
間に及ぶ家庭訪問も可能かもしれません。しかし一般的には，たとえ
ば数年にわたって家庭訪問を続けるのは大変なことです。そうであれ
ば，「私が家庭訪問に来られるのは，最大でも 1 年間くらいです」など
と，およその可能性をあらかじめ親御さんと共有しておくのが良いか
もしれません。

　これまでに検討してきたことから，家庭訪問が必要なひきこもり者
ほど，支援の関係を築くことの困難さが予想されます。親御さんは，
「専門家が訪ねてくれると，きっと外に出られるようになるだろう」と

期待するものです。支援者の側も同様に，「私ならきっとご本人の力になれる」と自分に期待していることでしょう。

　しかし，そうはうまく事が進展しない可能性があります。そして，支援の過程が長引くほど，親も支援者もイライラしてくるでしょう。そのイライラから，性急に余計な手出しをしてしまったり，ケンカ別れのような形になって支援が中断してしまったりすることは避けたいものです。

　そのために，「支援可能性の確認」が重要です。本人及び家族の状況の理解に加えて，時間・資金・マンパワーの検討，支援者自身の力量の検討が必要になります。背伸びをせず，なるべく率直に親御さんと話せると良いでしょう。ただし，「親御さんと率直に話す関係づくり」にもまた壁があります。これについては，第8章で考えます。

（2）訪問目的の共有

　上記と関連して，親御さんと「訪問目的の共有」をすることが大事です。第4章でも述べた通り，支援には「目的」の明確化は重要です。たとえば，「友人が助けの手を差し伸べる」場合は，その目的を明確にすることは少ないでしょう。しかし，支援の専門性が高まるほど，つまり支援の効果を高めることに留意するほど，目的を確認することは重要になります。

　通常，親御さんにも「目的」という意識はありません。ぼんやりと，「早く仕事に行ってほしい」「部屋から出てきて顔を見せてほしい」と考えているくらいでしょうか。そのため，支援者がリードをして，「何を目的として家庭訪問をするか」を明確にします。

　「部屋から出てきて顔を見せてほしい」は，比較的良い目的の設定だと思います。これが実現することをイメージしやすいからです。「早く仕事に行ってほしい」はどうでしょうか。ひきこもり者ご本人の状況によりますが，部屋から一歩も出てこない方だと，仕事をするまでは随分と時間がかかることが予想されます。イメージしづらい，先を見

通しづらい目的設定は，支援の成果が見えづらくなってしまいます。

　長期的，中期的，短期的な目的を設定する方法もあります。この場合，長期的には「仕事に就いてほしい」として，短期的には「家族に顔を見せてほしい」という設定もできるでしょう。短期的な目的は，「目標」と言った方が良いかもしれません。これはなるべく具体的な方が良いでしょう。たとえば，「家族と一言二言の会話ができるようになる」「2日に1回はお風呂に入れるようになる」「お風呂掃除をしてくれるようになる」「コンビニへ買い物に行けるようになる」などです。当面は，短期的な目標を達成できるよう，支援の方法を考えることになります。

　ここで，「支援可能性の確認」との関連が出てきます。家庭訪問では，どこまでを支援できるのでしょうか。有効な設定の一つは，「支援機関に来訪すること」という中期的な目的です。時間・資金・マンパワーの限界を考えると，何とか支援機関に来訪できるようになることを目的として訪問支援を行う，というのは現実的な設定の一つです。

　ただし，この目的の達成も簡単なことではありません。時間をかけてもこれを達成できないケースは多いでしょう。それでは，家庭訪問をしても意味がないでしょうか？　そんなことはありません。支援者にとっては，家庭訪問をすると，少なくとも家庭の雰囲気が分かります。家族関係にも直に接することで，状況をより知ることができます。ご家族からの要請に対して支援者が最大限の努力をすることで，信頼関係の構築が進むかもしれません。それまで会話のなかったご本人と幾分か言葉を交わすことができるかもしれません。たとえば家事の手伝いを少ししてくれるような，何らかの展開があるかもしれません。

　支援機関を訪問するところまで至らなかったとしても，このようにして外部世界との関わりが増えるための支援を行える可能性があります。家庭訪問を継続できなくなった後も，親面接を通して支援を継続することはできます。

　このような見通しをもって，この家庭訪問ではどこまででどのような

支援ができそうか，親御さんとある程度共有すると良いでしょう。これにより，親御さんと協力体制を築いていくことができます。

（3）本人の同意

　訪問についての本人の同意に関しては第1節でも触れましたが，これは非常に悩ましく，支援者によっても見解の相違があります。「本人の同意を得てから，家庭訪問へ行く」ことを原則とするのが，本人・家族・支援者それぞれにとってもっとも安全な方法です。その場合，消極的同意でも良いでしょう。消極的同意とは，「私が相談している○○さんが△日に家に来るよ」と親から本人に伝え，否定はされなかった，という状況です。

　このように，消極的同意でも得られれば良いのですが，上記のように伝えたら「嫌だ」とポツリと応答があった，という場合はどうでしょう。強い拒否ではなさそうだけど，気分は乗らないようです。親は，「事前に伝えずに訪問してもらえば良かった」と思うかもしれません。実際，乗り気ではなかったけど，会ってみたら話しやすい支援者で良かった，というケースもあります。こういう場合もあるので，「節度ある押しつけがましさ」という絶妙な表現で，「本人には告げずに訪問し，丁寧に関わる」という方針を提示する専門家もいます（田嶌, 2009）。

　この難問に対する私の考えを2点述べます。

　1点目は，仮に「本人の同意を得ずに家庭訪問する」場合は，そのリスクを含めて親御さんとよく検討する，ということです。家庭訪問の反応としての暴力化や関係謝絶のリスク等も十分に検討したうえで，それでも「本人に言うと拒否するでしょうから，ともかく家に来て，声をかけていただけませんか」という希望を親御さんが強く抱いているなら，本人の同意なしの家庭訪問を検討する価値はあると思います。そして，親御さんとこのような話を丁寧にすること自体が大事な支援の営みになります。

　2点目は、「家庭訪問はせずとも、親面接を丁寧に続けることで状況の改善を図ることができる」と、支援者と親が正しく捉えることの重要性です。「家庭訪問をして本人に直接会わなければ、改善はない」ということはないのです。そう思う背景には、親御さんが疲れ果て、本人に関わっていくことに希望を見いだせなくなっている、という場合もあるでしょう。その場合は、支援者としてはまずその親御さんが元気になることを考えると良いでしょう。

　以上の私見をまとめると、「家庭訪問をする際は、本人の同意を得ることを原則とする。ただし、親の強い意向がある場合は、そのリスクも踏まえて親御さんと十分に話し合い、その可能性を検討する。家庭訪問は、ひきこもり支援に唯一で必須の方法ではないことを理解する」となります。

（4）本人を訪問する

　消極的同意であっても、ともかくひきこもり者本人を対象に家庭訪問をする、という場面を考えます。支援者が家を訪ねてインターホンを押したとき、ドアを開けてくれるのは親の場合が多いでしょう。親御さんに挨拶をしてリビングや客間等の部屋にお邪魔し、本人もそこにいれば、本人との対話がスタートします。親がご本人を呼びに行き、素直に姿を現す場合も、対話を始めることができます（このときのご本人の状況はさまざまです）。

　しかし、消極的同意の場合等で、本人が現れないことも多いでしょう。そうすると、本人がいないところで、支援者と親が対話をする状況が生まれます。すでに親が何度か支援機関を訪れて面接をしているとすれば、その状況が家に持ち込まれる格好になります。

　結論から言うと、この時間があまりに長くなれば、あたかも「（本人ではなく）親を訪問する」ようなことになってしまいます。ご本人を対象に家庭訪問をするなら、常にご本人のことを念頭に置いておくべきでしょう。目的がブレると方法論が変わってきますので、支援の効

果は上がりません。仮に，親と対話する時間が長くなってしまうとしても，支援者が訪問している対象は本人であることを十分に意識しましょう。

　すなわち，支援者が家を訪ねて親と話すことの，ひきこもり者本人への影響を常に考えるということです。分かりやすい例は，親との対話の内容がふすまや壁越しに本人に漏れ伝わる場合です。そのとき，話の内容に注意するのは言うまでもありません。ただし，対話の内容が本人に聞こえない場合であっても，「音」は伝わります。いわゆる「非言語メッセージ」ですが，声や動作等の音を通じて，支援者の雰囲気が本人に伝わります。たとえ一方通行であっても，その伝達はすでに「対話」である，という心積もりをもちましょう。

　本人を訪問するという目的が明確にある場合，たとえ本人に会えずとも，「家を訪問する」ことで，すでに「本人を訪問する」ことが達成されています。そのために，本人がこれに対して怒りを表明することや，逆に感謝の気持ちを抱いて態度が柔らかくなる，という応答が生じるのです。

（5）声かけ／挨拶

　ここまで，本人と会うまでの道のりに文字数を費やしてきました。読者の皆さんが接しているひきこもり者が比較的スムーズに会える方なら，冗長に聞こえたかもしれません。しかし，「本人に会うのに本当に苦労している」という支援者の方は，以上のような点に留意して関わりを続けると，ご本人と接触できる可能性が高まると思います。

　では，家庭訪問をしても自ら姿を現さないひきこもり者（多くの場合は自室）を訪ねる場面を考えます。ひきこもり者の精神状態はケース・バイ・ケースでさまざまですが，「確信をもてない場合は重めに想定しておく」というのが臨床心理学の鉄則です。「軽く想定していたけど実際は重篤な状態であった」場合は，自傷他害や暴力的行為といった反応に発展する恐れがあります。逆に，「重めに想定していたけど，

実際は健康度が高かった」場合は，ホッとするのみです。従って，後者を選びます。

　ひきこもり者の自室には，廊下や階段等を歩いて近づくことでしょう。言わずもがなですが，この「誰かが私に近づいてくる」ことの怖さや緊張を想像しましょう。「足音」もコミュニケーション・ツールです。足音で会話をしましょう。

　支援者の家庭訪問を本人にあらかじめ伝えている場合は，このようにして本人を訪ねるところまで進みましょう。ドアを軽くノックをして，〈先日，お母様がお伝えしてくださった，○○です。少しお話できますでしょうか〉などと声をかけます。ドアを開けてくれるでしょうか。〈ドアを開けてもいいですか〉と尋ねたら，「はい」と言ってくれるでしょうか。

　ドアを開けてくれないとき，許可をくれないときは，それだけ警戒していると捉えましょう。その場合，対話は一方的なもので構いません。言葉は返ってこなくても，ご本人の気持ちは確実に反応しているからです。たとえば，〈いずれお会いできる機会があると嬉しいです〉などと言葉をかけて，場を離れると良いでしょう。このような声かけは，もっとも自分らしい言葉や雰囲気で行ってください。

（6）手紙

　基準を明示するのは難しいですが，実際の声かけよりも手紙が有効な場合もあります。たとえば，家族とも手紙のやり取りがよく行われている場合，支援者から明確に伝えたいメッセージがある場合，訪問を続けてドア越しに何度声をかけても全く応答がない場合などが想定されます。声のトーンや雰囲気などの非言語メッセージより，手紙等の言語メッセージの方が本人とコミュニケーションを取りやすいと判断される場合，と言っても良いでしょう。

　文字の量は少なめにしましょう。一般的に言って，A4用紙1枚にびっしり書くのは多すぎると思います（伝えるべき事柄がある場合は

別です）。初めの挨拶と考えるなら一筆箋くらいの分量が良いかもしれませんが，その基準を提示するのは難しそうです。日頃，人とコミュニケーションを取っていない人が，他者から自分に向けられたメッセージを受け取ることの刺激の強さを考えて，文面と分量とを調整すると良いでしょう。

（7）本人の反応を聴く

　以上のシーンは，まだほとんど双方向の言語的対話になっていません。「カウンセリング以前」と言っても良いかもしれません。しかし，ご本人への刺激としては十分です。外的な刺激の少ないひきこもりの生活に，すでに大きな刺激が投げ込まれています。この点の自覚が非常に大事です。

　上記のやり取りまでで退室する場合，後日，家庭訪問に対する本人の反応を親御さんから伺います。ここも非常に重要です。

　対面のカウンセリングでは，対話等でコミュニケーションを取る度に相手の反応を確認します。自分の言語的・非言語的メッセージが相手にどのような影響を与えたのかを確認し，それを受けてこちらのメッセージを調整します。

　第4〜6章で見た通り，ひきこもりの反応は分かりづらいです。家庭訪問で本人に会えない場合，反応を直接確認できませんが，支援者が家庭訪問を終えた後で何らかの反応を家族に示すことがあります。親を見る視線，歩き方，声の大きさなどに反応が現れるかもしれません。親に対して言葉で反応を伝えてくれるひきこもり者もいるでしょう。対話のできる関係性があるなら，親から本人に尋ねてもらうのも良いでしょう。本人の反応を確認しながら，次はどの程度，どのようなコミュニケーションが可能なのかを探ります。

　すなわち，対面の会話であれば数秒の中で行う確認と調整を，家庭訪問をしてその反応を伺うという時間をかけて行うのです。ひきこもり者ご本人との対話のスピードは，このくらいで十分です。本人と会

えない家庭訪問は，本人に対する大きな刺激です。支援者は，ひきこもり者の声なき声を丁寧に確認し，受け止め，対話を続けます。

　さらに，「本人の反応を伺う」という親御さんとのやり取りに重要な意味があります。この対話は，「本人のメッセージをどのように受け止め，それに応えるのか」という点について親御さんの意識を高めます。支援者にとっても難しい「声なき声」への着目を日頃から実践している親御さんは少数です。

（8）本人と対話する

　言葉が登場しない，以上の過程を対話として理解することは，十分に意識しないと難しいでしょう。しかし，このような対話を丁寧に続けていくと，やがて実際に言葉を用いて対話する場面が現れることがあります。これは，ひきこもり者が「他者と交流しない」という状態から少しずつドアを開いて外部と交流を始める過程です。

　この先に，「支援の関係を築く」ことが続きます。家庭訪問という侵襲性の高い支援方法を選択したのですが，訪問すること以上にひきこもり者の心を脅かすつもりがないことを十分に伝えたいところです。ひきこもり者の立場になって刺激を最小限に減らすこと，たとえるなら真綿のような，柔らかい雰囲気でご本人と接することです。

　初対面の際の留意点とその後の関わり方は，第4〜6章で検討したことが参考になるでしょう。社会に出る方法を考えたり，内省を深めたりすることを目指すカウンセリングはしばらく始まりません。もちろん，それらを始める準備がすでに整っているひきこもり者には，そのような対話が可能です。しかし，「支援の関係を築くことが難しい」ひきこもり者に対しては，それまでの過程に十分時間をかける必要があります。支援の過程がすぐ頓挫してしまう場合は，この過程に課題があるのかもしれません。

（9）定期的に訪ねるだけでも良い

　訪問時間は，しばらくは5分・10分くらいが良いかもしれません。頻度は，1週間に1回から，1カ月あるいは3カ月に1回など，さまざまに考えられます。支援者の立場や支援機関の種類等の影響を受けますが，ご本人が納得できる範囲内に調整することが大事です。

　ひきこもり者は，支援者が思っている以上に疲れます。時折自分宛に人が訪ねてくるだけで，刺激としては十分です。サポート・グループに2週間に1回訪れるのと同じです。サポート・グループでは，3，4年経過すると顔つきも随分と変わることが多かったです。時間・資金・マンパワーを考えたとき，家庭訪問はどのくらいの期間，続けられるでしょうか。支援機関に来てもらえるようになるでしょうか。

　表情に現れなくとも，ひきこもり者の心の内奥には強い焦りがあります。支援が長期間にわたると支援者にも焦りが生じますが，先に焦ってはいけません。外部との関わりが回復するには長い時間がかかることを十分に理解し，無理のかからぬよう，ゆっくりと関わりを続ける心積もりが必要です。

　何も話さなくとも，サポート・グループに来続けることに意味があったように，家庭訪問も続けることに大きな意味があります。その度に，自分に関心をもっている人がいるということ，外部につながっている相手がいるということを確認することができるからです。

3．まとめ

　本書では，「支援の関係を築くのが難しい」ひきこもり者との関わり方に着目し，検討を進めています。言葉による対話が開始された後の経過も簡単には進まないのですが，これについては第4〜6章，及び竹中（2014）・寺沢（2016）・小瀬古（2019）などをご参照ください。外部の存在と対話ができるようになってくるということは，内的ひきこもりの状態を徐々に脱するということです。少しずつ，「ひきこもり」から離れて，一般的なカウンセリングに移行してきます。カウ

ンセリングの技法には膨大な蓄積がありますので，ぜひそちらをご覧ください。

　最後に，家庭訪問の「変化球」をお伝えします。どうしても本人の同意を得ることができない，あるいは拒否されることが自明なので本人に伝えることができない場合,「本人を訪問する」のではなく「家族を訪問する」という方法があります。支援機関を訪れることのできる家族に対してわざわざ家庭訪問をするには，その合理的な理由が必要になるでしょう。その理由を設定できるなら,「家族を訪問する」ことを，本人は基本的に拒否できません。親も，知り合いを家に招く権利はあるでしょう。

　実際に，ある「親の会」で，親御さんたちが互いの家を訪ね，リビングでお茶をして帰るという話を聞いたことがあります。いわゆるママ友が互いの家を訪ねてお喋りすることは，当人たちにとっては楽しい趣味のようなことです。家で静かにしていたいひきこもり者にとっては「いい迷惑」かもしれませんが，うるさくしない程度に各家庭で楽しむのは，親の自由であり権利でしょう。

　親が知り合いを家に招くことには,「家」が外部に開かれるという意味があります。当然，異質なものが家の中に入ってきて，ひきこもり者にとっても刺激となります。この刺激が対話となります。

　本章では，親と同居しているひきこもり者を想定して，家庭訪問を開始する際の留意点について検討しました。他方，一人暮らしをしているひきこもり者への家庭訪問では，「家族関係に介入する」よりも「ひきこもり者本人に対する支援」という色合いが濃くなります。また，暴力への対応，緊急時の介入，他機関連携など，本書では触れられなかった重要事項もありますので，これらについては他書をご参照ください。

第 8 章

親面接

　通常の個人カウンセリングは，本人が問題意識をもって相談機関を訪れることで始まります。しかし，小さい子どものケースや，本人の情緒的・能力的な課題によって自分の意思で来談できない場合があります。その場合に，その親が子の問題を捉えて「何とかしたい」と思って来談すると，親面接が始まります。

　親面接の方法論を巡ってはいくつかの立場がありますが，ひきこもり支援にとって親面接が重要な支援形態であることに間違いはありません。まずは，「本人に会えずとも，親面接だけで状況を改善することはできる」というイメージを正しくもつことが大事です。

　親面接の検討は，主に子どもの心理支援に付随して検討されてきました（吉田，2013；小俣，2015 等）。子どものプレイセラピーを実施するにあたり，その支援構造を保つことや，家庭の状況を把握するために，親面接が必要なのです。

　ひきこもりの親面接は，2000 年頃に「社会的ひきこもり」の概念が登場した後もしばらく受難の歴史をたどりました。医療機関では「本人が相談に来ないと治療はできません」と門前払いされることが多かったのです。近年でもまだ同様の状況は見られますが，それではひきこもり者への支援を進められないという共通理解は得られるようになりました。そのため，親面接（親相談）を実施する医療機関も増えてきました。

　しかし，親面接は難しいのです。その理由は，支援者は直接的に親に関わり，間接的に子に関わり，忘れてはいけない重要なポイントと

145

して，親子関係に関わらなければならないからです。

　本章では，このような困難さを踏まえながら，ひきこもりの親面接について考えます。

1．親面接における「親」の捉え方

　臨床心理学の理論的枠組みでは，個人カウンセリングを実施する際のクライエントは「問題を抱えて来談する人」として捉えられます。子どもが何らかの問題を抱えてプレイセラピーを受ける場合は，その子どもがクライエントです。そして，親は，プレイセラピーが有効に行われるために機能する人となります。この図式で言うと，親は「問題を抱えている人」ではなく，基本的に「健康な人」と位置づけられます。そのため，親を「共同セラピスト」として捉えることがあります。支援者と親は共同で子どもが抱えている問題への対処を考えていくという図式です。

　しかし，親は必ずしも「健康な人」とは限りません。親御さんご自身が精神疾患を抱えていたり，人生に希望を失っていたり，他者と適切なコミュニケーションを取ることができなかったり，何らかの「問題」を抱えていることがあります。子どもの親も，ひきこもり者の親も同様です。

　ここで急いでつけ加えると，実は支援者も「健康な人」とは限りません。そもそも，健康／不健康というのは，人が一定の基準を設けて区分を試みたものにすぎません。明らかに健康そうな人／不健康そうな人というのは確かにいますが，見方によって随分と変動するものです。従って，健康なつもりでいる支援者も，改めてよく見てみると随分と不健康かもしれません。

　では親は，果たして健康な人なのでしょうか，それとも問題を抱えたクライエントなのでしょうか。カウンセリングの必要のない健康な人であれば，共同セラピストとして一緒にご本人の課題に取り組んでいくと，状況の改善を図ることができます。しかし，親御さん自身が

解決すべき問題を抱えている場合は，共同セラピストとして十分に機能することができません。親御さんの問題に引っかかり，その解決を図る必要が出てきてしまうからです。

　支援者は，親と手を携えて，すぐにご本人の問題への対処を始めて良いのでしょうか。それとも，まずは時間をかけて親の問題に対処するべきなのでしょうか。この違いは，支援の目的の差となります。支援の目的がブレると，有効な結果につながりません。親面接を考える際，この点がしばしば議論になります。これに対する私なりの答えを，次に示します。

　まず，個人の中には「健康な部分」と「不健康部分」がある，と捉えてみます。前者の，親として健全に機能している部分を「親の部分」とします。後者の，解決すべき問題を抱えた個人としての部分を「クライエントの部分」とします。「親」の中には，これら2つの要素が存在している，と考えます（図8-1）。

　このとき，比較的健康度の高い人は，図8-2のような状態になっているでしょう。何らかの問題を抱えたクライエントの部分もあるのですが，健康な親の部分が相対的に大きいため，親として十分に機能できる状態です。この場合，共同セラピストとして支援者と共にご本人のことを考えていけるでしょう。

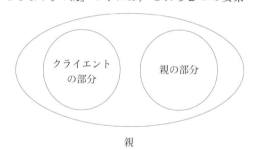

図8-1　「親」の要素　その1

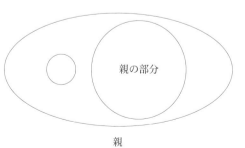

図8-2　「親」の要素　その2

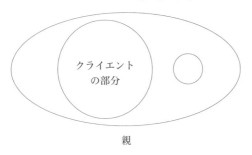

図 8-3　「親」の要素　その 3

たとえばうつ病を患っている方など，クライエントの部分が大きい親御さんもいます（図 8-3）。当然ながら，親としての愛情をもち，お子さんを心配して相談に来られます。

親面接のみでも状況は改善すると先ほど述べましたが，実は図 8-3 の状態にあると，この過程は難航します。ひきこもり者本人の状況の改善は，親からご本人への働きかけが持続的に行われることで徐々に達成されるのですが，これが難しいことなのです。

　親は，それまでの働きかけでは改善に至らなかったので，支援を求めに来ます。すなわち，今までとは違う新しい行動パターンを身につけていく必要があるのですが，ここにストレスがかかるのです。図 8-3 の状態にある親御さんはしばしば，このストレスに耐えられなくなってしまいます。

　これらの図を踏まえると，親面接の「親」を健康な人と捉えるべきか，問題を抱えたクライエントとして捉えるべきかという問いに対する私の答えは「二者択一では答えられない」となります。図 8-2 と図 8-3 の間にはバリエーションがあって，さまざまなバランスが考えられます。時期による変動もあるでしょう。同じ人でも，そのときのストレス状況により，図 8-2 に近づいたり，図 8-3 に近づいたりします。

　「『親』の要素」の箇所を「『支援者』の要素」など他の言葉に置き換えれば，全ての人に言えるということが分かります。自身を謙虚に捉えられる人は，このことを否定しないでしょう。そして私たちは，図 8-2 の状態にある人を「健康な人」，図 8-3 の状態にある人を「不健康な人」と呼ぶのでしょう。

　では改めて，親面接の目的はどのように設定すれば良いでしょう。

原則的には，支援の目的は依頼者と相談して定めれば良いです。多くの場合，ひきこもり者の親面接であれば，ひきこもり者ご本人が元気になること（具体的にはさまざまな設定がありますが）でしょう。すなわち，あくまでもご本人が元気になることを最終目的として，支援者と親御さんは手を携えていくことになります。

しかし，図8-2で描いた共同セラピストのようになれる親は稀です。むしろ，図8-3の状態にある親御さんが多いかもしれません。その一因は，親御さんもまた疲弊しているからです。では，クライエントの部分を多く抱えている親御さんが元気になることも，支援の目的にしなければならないのでしょうか。私は「イエス」と答えます。以下，この点について考えていきます。

2．親と本人の関わり方

大事なことなので繰り返しますが，支援の最終目的は，ひきこもり者ご本人が元気になることです。なぜなら当初より，親はひきこもり者ご本人のことを心配して相談に来ているからです（これを「主訴」と言います）。

「親は打ちのめされて疲弊したままだけど，親面接を通してひきこもり者本人は元気になる」ということはあまり起こりません（もちろん，例外はあります）。家庭訪問を要請する親はしばしばこれを求めますし，支援者が直接ご本人を訪ねることが速効することもあるでしょう。しかし，親面接を通してこれが実現することは少ないでしょう。

すなわち，本人が元気になるときには，それに先行して，あるいは同時に親が元気になります。一般的に考えて，支援する側の人は健康である必要があります。たとえば，慢性的にうつ病のカウンセラーというのもちょっと困るわけです。うつ病に適切に対処し，元気になって支援業務を行うことが求められます。「支援する」にはエネルギーが必要で，ストレスがかかる行為だからです。

「親面接だけで状況を改善することはできる」と，先ほど述べまし

た。それが可能なのは，親がひきこもり者を支援するからです。そのためには，親が健康である必要があるのです。

そのように考えると，「ひきこもり者が元気になる」という中に「親が元気になる」ことが含まれている，と理解できます。この両者は矛盾しないのです。そして，カウンセリングの原則の一つは，目の前の人を支援することです。従って，ひきこもり者ご本人を常に念頭に置きながら，まずは目の前の親御さんを支えるのが正しい対応です。

きれいごとに聞こえるでしょうか。私はそうは思いません。そこで，親面接を通して以上のことを進めるに際して生じそうな，次の3つの疑問に答えようと思います。

（1）本人のひきこもりが改善されないのに親が元気になれるのか
（2）親が本人と「関われない」場合はどうすれば良いか
（3）本人への支援と親への支援が矛盾／対立するときはどうすれば良いか

（1）本人のひきこもりが改善されないのに親が元気になれるのか

相談に訪れる多くの親御さんはおつらいでしょう。親は，子どもの幸せを願っています。精一杯育ててきた子どものひきこもりが続いていると，子どもが幸せな人生を送っているようには見えないのでしょう。「私の子育てが間違っていた」「うちの子がひきこもりになったのは私のせいだ」と自責の念に駆られている親御さんも多いです。お子さんから「こうなったのはお前のせいだ」となじられていることもあります。

自責の念については，次のように考えるのが正しいでしょう。子どもの成長に対して，親が重要な役割を担っているのは当然のことです。一般的に，学齢期以降，子どもは徐々に家庭以外の場所での影響を受ける割合が上がっていきます。しかし，出生以来，子どもが圧倒的に多くの時間を共にするのは家族であり，特に親です。

　ただし，子どもの良い部分も悪い部分も，「親が作った」わけではありません。親は，子どもの成長に対して重要な影響を及ぼしますが，人間を自由に形作れる力をもってはいるわけではありません。従って，「こうなったのはお前のせいだ」と言われても，半分はそうかもしれないけど，半分は違うのです。その意味では，自らの子育てを反省するべき部分はあるかもしれません（どの親でもそうです）。

　しかし他方で，親は精一杯子育てをしてきたことも間違いありません。「もっと頑張るべきだった」と言うことはできますが，誰も完璧な子育てなどできません。親御さんご自身の波乱万丈な人生の中で，時に休み，時にエネルギーを使い，子育てを頑張ってきました。「あなたの子育てには精一杯さが足りなかった」などと判断できる他者は存在しません。親は，「精一杯やってきた」と胸を張って良いのです。

　ところが，多くの親御さんは過剰に自責の念を抱えていらっしゃいます。そのため，「うちの子がひきこもりから脱して社会に出るまでは私が何とかしなければならない」と考えるようになるのです。私は，この点を問題視しています。

　前述の通り，「親は子育てを精一杯やってきた」と認識して良いのです。そして，その子がすでに成人したひきこもり者であれば，実際はもう「子ども」ではなく，十分な「大人」です。子育てには，良かった点も反省すべき点もありますが，親としての責務は十分に果たし終えています。成人した「子ども」は，もう自分の頭で考え，自分の人生を形作る力をもっています。「うちの子はそんなことできない」と考えるのは，その子を「子ども扱い」している証拠であって，端的に言って間違っているでしょう。

　親の人格と，子どもの人格は別です。親には親の人生があり，子どもには子どもの人生があります。いずれも，自分でそれを構築していく権利があり，成人した子はそれが可能です。「親離れ」「子離れ」という言葉の意味は，ここにあります。親と子が，それぞれの人生の選択を尊重し，自分の人生を生きることです。

　身近な人が苦悩しているときは，自分もつらくなります。でも，「私もその苦悩を共にすべきで，日々の生活を楽しんではならない」ことにはなりません。また，自分の人生が終わってしまうわけでもありません。原理的には，私たちの人生全ては，他者の人生と切り離されています。人格が別ということは，距離があるということです。私たちは，人生を自律的に構築し，生き生きと楽しむ権利をもっているのです。

　しかし，私たちは高い共感性をもった生き物です。身近な人の苦悩を，あたかも自分の苦悩のように感じる能力をもっているのです。親の子に対する愛情は，その最たるものです。子どもの人生を心配するのは，親の愛情のなせる業です。ただし，「親の愛情」と「親の人格と子どもの人格を同一のものと混同すること」は似て非なるものです。

　子どものひきこもりが長く続いている状況では，親の心配は尽きないでしょう。しかし，完璧ではなくとも精一杯子育てをしてきた事実を正しく理解し，子どもの人格を尊重できている親は，自分の人生を歩むことができます。友人との会話や趣味を楽しんだり，仕事に打ち込んだり，ご夫婦あるいは一人での旅行を楽しんだりしているでしょう。子どもの人生と自分の人生はイコールではありません。深い関係にあるのは事実ですが，別物です。

　お子さんは今，自分の人生において「ひきこもり」を選択しています。もちろん，仕方なく選ばざるをえない状況なのでしょう。そして，疲弊していることでしょう。それでも，家に居る行動を選択しているのはご本人です。親の基本姿勢としては，まずはその本人の選択を尊重すべきだと思います。しかし，「では放っておけばいい」のではありません。親は，「人格は別」ということをよく理解したうえで，お子さんの人生にはぜひ存分のサポートをしてほしいと思います。お子さんが何らかのSOSを伝えてきたら，ぜひ受け止めてください。むしろ，その準備は十分にできているでしょうか。逆に，お子さんのSOSを拒否したり，出させないようにしたりしていないでしょうか。

　親離れと子離れは表裏一体です。親が自分の人生を生き生きと構築していくことで，子どもも自分の人生を構築していく覚悟を得られることがあるのです。ひきこもり者の中には，内心で「親が何とかしてくれる」「親が何とかしなければならないのだ」と思っている人もいます。実は，親の「強い愛情（もどき）」が，子にそう思わせている可能性があります。だから，これらは表裏一体なのです。

　ひきこもり者は，自分の人生を背負い，選択できるまで十分に成長しています。そうであるにもかかわらず，親がその責任と選択の一端を奪っていませんか。

　別の言葉で言えば，「親の自立」と「子どもの自立」は表裏一体なのです。親は，自立して自分の人生を歩むことができているでしょうか。ひきこもり者の自立の課題は，親の自立の課題である場合があります。親が自分の人生を自立的に構築していく力を得ることで，子どもも自分の人生を請け負い，構築する力を得るのです。ここにおいて，本人への支援と親への支援が同時的に進むことを理解できます。

　本項のタイトルで提示した「本人のひきこもりが改善されないのに親が元気になれるのか」という疑問に対する私の答えは，「本人のひきこもりが改善されなくても，親はある程度元気になることができる」というものです。子を心配する親の愛情の強さが，「ある程度」と言うに留めています。つらいことに変わりはないからです。しかし，親が十分に自立していれば，力強く自分の人生を歩むことができます。

（2）親が本人と「関われない」場合はどうすれば良いか

　前項で，ご本人は「ひきこもり」を選択している，と述べました。しかし，親も支援者も，この状況が続くことを心配します。本人は一向に SOS を出してこない，こちらが問いかけてもなしのつぶてである，手を差し伸べたいのに何もできない。私もまた，「本人の選択だから何もしなくて良い」とは思いません。

　では，応答してくれないひきこもり者に対して，親は何ができるで

しょうか。「働きかけることができる」というのが私の答えです。

　子どもと関わりたい，良好なコミュニケーションを取りたい，と親は思います。それなのに，こちらが話しかけても応答してくれない，というのです。「応答しない」のも，「外に出ない」のと同じく，本人の選択です。外部の者（本人以外の人）は，これに対して直接どうすることもできません。こちらは対話をしたいのに言葉が返って来ないのはとても残念ですね。一般的な対人関係であれば，コミュニケーションはここで終わってしまうでしょう。しかし，親は愛情をもって我が子に手を差し伸べたいと思っています。

　「親面接だけで状況を改善することはできる」と言うとき，親はひきこもり者に何らかの働きかけを続けることになります。この働きかけを通じて，ひきこもり者の状況は少しずつ改善に向かいます。その関わり方は，支援者がひきこもり者に関わるときの留意点と基本的には同じです。しかし，支援者は専門業務の一つとして関わるのに対して，親は愛情によって関わるということが大きな違いです。親は，子の出生から現在に至るまで共に過ごした時間が長い分，さまざまな感情に圧倒されています。支援者も，思うように成果が現れないと徒労感を抱きますが，親はそれ以上にやるせなさや自責の念を感じています。このように強い感情が働いていると，関わるほどにイライラしたり，疲れてしまったりします。従って，支援者がひきこもり者に関わるより，親が我が子に関わる方が難しい側面があるのです。

　本人に対して何らかの働きかけをする際のポイントは，「期待しない」ということです。私たちがイライラするとき，その裏には必ず期待があります。話しかければ応答してくれるはず，誠意を尽くせば結果が得られるはず，愛情を注げば動いてくれるはず。これらは全て無意識の期待です。そして，期待通りに事が運ばないとき，人はがっかりしたりイライラしたりします。「イライラの裏に期待あり」です。「欲求不満の裏に欲求あり」とも言えます。

　このようなイライラが募ってくると，だんだん支援をしたくなくな

ってきます。「やっても無駄だ」と，働きかけるのをやめてしまいがち
です。コミュニケーションが終わってしまうのはこの時です。たとえ
言葉の応答がなくても，こちらが働きかけ続けている限りは，コミュ
ニケーションは続いているのです。なぜなら，外部からの働きかけは
刺激となり，心と体が何らかの反応をするからです。

　働きかけは刺激なので，多すぎると「うざい」と思われます。従っ
て過剰だと逆効果なのですが，たとえば自室から出てこないひきこも
り者に対しては2，3日に1回，あるいは1週間に1回，何らかの働き
かけをしてはいかがでしょう。挨拶であれば，毎日しても良いでしょ
う（頻度はケース・バイ・ケースです）。

　ポイントは「期待しない」です。一方的で良いのです。親が子に何
らかの働きかけをする。これで完結です。私たちは，双方向のコミュ
ニケーションが当たり前と思っているので変な感じがするでしょうけ
ど，相手には応答する・しない自由があることを踏まえれば，これで
完結していると理解できます。

　「外に出なさい」「仕事をしなさい」と言うのは禁忌である，とよく
本に書いてあります。ひきこもり者がその話題を侵襲的に感じて嫌が
るからですが，もう一つの理由は，そこに親の期待が込められている
からです。それらがなかなか実現されないと，親も本人もつらくなっ
てしまうのです。

　「期待しない」ためには，期待を含むことを言わないことです。斎藤
環氏が「毛づくろい的コミュニケーション」（斎藤，2016，p.27）と
言うように，会話の内容は無意味なほど良いのです。挨拶や天気の話
題などはその最たるものです。「他愛ない会話」と言いますが，テレビ
で見たこと，スポーツのこと，近所や親せきの人のことなど，話題は
「ふと思いついたくらいのこと」が良いでしょう。これは，人と関わり
続けるための能力で，ひきこもり者は苦手な人が多いでしょう。ひき
こもりの親御さんも苦手な方が多いかもしれません。

　斎藤環氏は，①挨拶するに続けて，②誘いかける，③お願いをする，

④悩み相談をする，と言います（斎藤，2020，p.115）。②は，「お父さんと外食しに行くけどあなたも行かない？」などと誘うことです。③は，「お母さん急いで行かなきゃいけないんだけど，茶わん洗っといてくれない？」などのお願いです。④は，仕事や対人関係などの親の悩みを相談することです。

　お分かりの通り，②～④は期待値が上がりがちな働きかけです。それぞれ，相手からの良い返事を期待したくなります。しかし，いずれの働きかけも，そのねらいは別のところにあります。これらは全て，働きかけること自体に意味があるのです。「家族の一員として，一人の大人としてあなたを見ている」というメッセージなのです。

　外食や旅行に誘うこと，何らかの家事をお願いすることは，家族なら当たり前のことです。それを一人だけ外すというのは，極端に言えば「いじめ」のようなことです。家族に加えづらいメンバーかもしれませんが，一員として迎えられるよう，働きかけを続けるべきでしょう。基本的には，放っておかれるよりも，適切な頻度で働きかけてもらえる方が内心は嬉しい，と理解しておきましょう。

　④悩み相談は応用編ですが，一人の頼れる大人として見ているなら，相談することがあっても良いですよね。「うちの子はとても無理！」と笑うでしょうか。実は，そうでもないかもしれません。社会経験が少なくとも，実は随分といろいろなことを考えていて，良い意見を言ってくれることがあります。

　期待せずに働きかけを続ける親に対して，支援者は，「本人の反応」を尋ねます。親に対する支援者は，「本人の反応」を尋ねます。「応答がない」ことも反応の一つとして捉えながら，親の本人に対する働きかけ方を共に考え，サポートします。

　「親の自立」と，「期待しない」という，本人との距離の取り方がテーマになっています。私たちは「期待する」生き物なので，それを止めることはできないのですが，「必要以上に期待しない」ことはできます。この過程は，支援者の健康さをもとに，親の健康さを促進する中

で進みます。

　しかし，最大限に丁寧な働きかけを続けていっても，本人の状況は一向に変わらないことがあります。究極的には，やはり「本人の選択である」と言うしかありません。しかし，「ずっと変わらない」ということは，実はありません。なぜなら，時間が経つからです。親も本人も，少しずつ老いていきます。親が大病を患ったり死去したりしたときに本人が動き出す，という話を聞くこともあります。現在の生活がずっと続くように見えても，私たちは時間の進行に対して適応する必要があります。この点は，第 3 節「お金と時間」で検討します。

(3) 親への支援と本人への支援が矛盾／対立するときはどうすれば良いか

　たとえば，親が子を悪く言っている，子も親を悪く言っている，という状況があります。あちらを立てればこちらが立たずで，親への支援と子への支援が矛盾するように感じられます。これに対する私の答えは，「双方の肩をもってください」というものです。

　何らかの問題を解決させたいとき，「問題の外在化」という大事な概念があります。これをシンプルに図 8-4 のように図示します。

　子どもがひきこもりの状態にあって，親は「いい加減に仕事を探したらどうなの！」とイライラしているとします。子どもは子どもで，

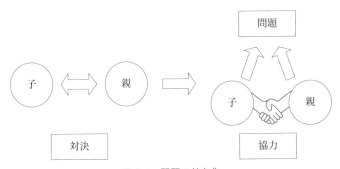

図 8-4　問題の外在化

「いちいちうるさいな。しばらく放っといてくれ」と内心で思っています。これは，親と子が相手に対して互いに不満を抱き，対決モードになっている状態です（図8-4の左側）。私たちは，なかなか状況が好転しないとき，「あなたの頑張りが足りないのよ」と，その人のせいにしがちです。図では親と子としましたが，夫婦でも友人同士でも，同じ図を描けます。支援者とクライエントの関係も同じです。

　これは要するに，問題を「人のせい」にする捉え方です。「こうなった原因はあなたの中にある。性格に問題がある，あるいは能力が足りないのだ」と考え，問題のありかをその人自身に還元するのです。一般的に言って，この捉え方は私たちによくなじんでいるものです。気がつくと誰かのせいにして，イライラしていることが多いのではないでしょうか。

　これに対して「問題の外在化」では，人のせいにするのではなく，問題のせいにします（図8-4の右側）。有名な例では，「虫退治技法」というものがあります（東，1997／2019）。ダラダラと怠けている人がいた場合，「怠け虫」が悪さをしている，と考えます。怠けているその人が悪いのではなく，その人を怠けさせている「怠け虫」のせいにします。この虫が「問題」です。その「問題」のせいで親も子も苦しんでいる，と考えるのです。

　さて，支援の場での「問題の外在化」を考えてみます。支援者が遭遇する「問題」とは何か，ということなのですが，これは少し込み入った話になります。

　心理的な「問題」は，対象となる人が「社会でうまく生きていけない」ことであり，大雑把に言ってそれを「不適応状態」と言い換えることができそうです。適応−不適応は，基本的には周囲の環境に対するもので，「適応できる」「適応できない」などと言います。周囲の環境に適応することを，特に「外的適応」と言います。

　これに対して，「内的適応」という概念があります。これはたとえば，自分の高い理想や欲求と比べて現実の自分が追いつかずに苦しむ，

という状態です。心の中で適応できていない，というわけです。

　外的適応も内的適応も，何ものかとの関わりがあって初めて生じるものです。外的適応の場合は，職場環境・対人関係・家族など，その人の周囲にあるものとの関わりです。内的適応の場合は，「勇気を出して頑張らなければならない」「こんな生活をしている自分はクズだ」など，心の中の観念や思考との関わりです。それとうまくつき合えるかどうか，ということです。

　怠け虫の話に戻ります。実は怠けているだけでは「問題」にはなりません。これは，「ゆっくりしている」だけなのです。それを「怠けている」と言うのは，「もっとシャキシャキと頑張らなければならない」という社会や周囲の人たちがいて，自分でもそういう観念や思考を抱くからです。ここに，外部や内部との関わりがあります。

　以上のことを踏まえると，「問題」はどうやら，その人の外部にあっても内部にあっても，何ものかとの関わりから生じるようです。その関わりは，たとえば私とあなたの間にあって，それをつなぐものです。「関わりが問題を生じさせている」と言えるのですが，事態を難しくさせるのは，ここに必ず人が関与していることです。すなわち，「ほら，やっぱりあなたのせいじゃないの」と誰かのせいにしやすい状況になっているのです。ただし，うつ気質の人は逆に，「私のせいだわ」と自分のせいにしがちです。

　結局，誰かのせいにすることは，その人に怒りの感情を向けて追い詰めるということであり，他の人は責任逃れをするということです。これでは，問題の改善は見込めません。責めを負わされた人が奮起すれば解決に至りますが，それができるならとっくに問題は解決しているはずです。その人が奮起できない，あるいは奮起しても解決できない難問に対しては，関わる人たちが協力して一緒に最善の方法を考える必要があります。

　そのために，「問題は外部にあるのだ」とあえて言うことで，それをみんなで眺め，立ち向かえるようにするのが「問題の外在化」です。

　最初の問いに戻ります。「親と子のどちらの肩をもてば良いか」と迷う状況は，支援者が「人のせいにする」罠にかかっていることを示しています。支援者はこの罠に気づき，その度に「私たちは何に苦しめられているのか」を考える必要があります。

　以上のことを支援者が十分に把握し，親と共有していくことができれば，「本人に会えなければ支援はできない」という理屈がむしろおかしなものに聞こえてきます。問題は「外部」にあり，支援者と親はすでにそれと関わっているのです。私たちはもうすでに，問題への対処を開始しているのです。

3．お金と時間

　ひきこもりの親が抱える大きな心配は，将来のことです。「私たちがいなくなった後，この子は生きていけるだろうか」という，現実的な心配事です。心理面だけを考えていても有効な支援はできません。本節では，お金と時間の問題への対処について考えます。

（1）お金

　経済的な観点から見ると，ひきこもりの問題の中核は「生活費が得られない」ことです。ただし，現在収入のないことが，ただちに問題となるわけではありません。たとえば，一時的に休職をして骨休みをすることは，問題ではありません。すなわち，貯蓄等によって当面の生活を送れる間は，経済的問題は発生しません。

　俗な例を挙げますが，内田康夫原作の「浅見光彦シリーズ」という推理小説があります。（かつてのテレビドラマでは水谷豊が演じた）この主人公は，いわゆる「高等遊民」です。ルポライターという設定ですが，生活費を賄える収入はなさそうで，実家で生活しています。お兄さんが警察庁の刑事局長なのですが，それを差し置いて刑事事件に首を突っ込んで次々と解決していく，というユニークな話です。

　この物語の主人公である浅見光彦は，事件のとき以外はほとんど人

と関わらずに生活しています。現代では「ひきこもり」のカテゴリーに入るのではないでしょうか。実際，家族は光彦の人生を案じてやきもきしているようです。しかし，幸か不幸か，浅見光彦の家庭は裕福なのです。光彦が一生この生活を続けたとしても暮らしていけそうな大きな家と資産があります。そして，テレビドラマを見る限り，光彦はある程度この生活に満足しているようです。

　本書の第3章で紹介したC氏も，正社員になることは選択していません。仕事は週数日のアルバイトに留め，穏やかな生活を送っています。

　彼らは「世間の一般的なレール」には乗らない生活を選択しているのです。それを「心配する」のは家族の自由だし，彼らに意見を伝えることはできますが，本人は「放っといてくれ」と言う権利があります。私が言う「ひきこもりは本人の選択である」という言葉は，彼らには適合するでしょう。

　しかし，この生活が許されるための条件があります。それは，（多くの場合は暗黙の）家族の了解です。

　自分で稼いで貯蓄したお金をもとに悠々自適な生活を送るのは本人の自由です。しかし，ひきこもり者の多くは生活の糧を家族に頼っています。また，一人暮らしをしているひきこもり者も同様です。従って，ひきこもりの生活を続けるには，生計を共にする家族の了解が必要になります。「了解」・「同意」や「納得」と言っても良いです。

　「いや，了解なんてしてないよ」と，親御さんは言うかもしれません。しかし，この共同生活が実際に進行しているなら，少なくとも「許容」している状態にあります。もし，「了解していない」と言うなら，原則的には，やはりコミュニケーションを取ってその意思を相手に伝える必要があるでしょう。困難が予想されますが，ここに対話が発生します。

（2）時間

　お金と時間は密接な関係がある，と私は考えています。なぜなら，お金は時間と共に確実に減っていく（稼げばもちろん増えていく）最たるものだからです。

　これまで述べてきたように，ひきこもり者は「時間を止めた」あるいは「時間を止めたい」人たちだというイメージを私はもっています。現実はあまりにつらく，直面したくないのです。

　人は，周囲の環境に何とか適応することで社会を生きていきます。ひきこもりは，社会でうまく適応できなかったところを，外出しないことでギリギリの適応状態を保とうとする試みである，と捉えることができます。「内的適応」という見方からすれば，ひきこもり者たちは必ずしも適応状態にはない（つまり，家にいても苦しんでいる）のですが，心の平衡をギリギリ保てる場所を家に見出し，ひきこもりの生活を続けます。

　家族にとっても，我が子が家にひきこもっている現実を直視するのはつらいことです。可能なら，この現実を見たくない。家族にとっても，時間を止めてしまいたい欲求があるのではないでしょうか。そうすると，あたかも時間が進行しないかのように，現在の生活を甘んじて受け入れることになります。

　現実世界は，お金が減っていく世界です。身体が年老いていく世界です。「いや，了解なんてしてないよ」という親御さんは，心のどこかではこのことをしっかり分かっていて，子に対して「現実を見なきゃダメだよ」と言っているわけです。

　以上の話を，2つの世界の話として整理できます。

　①「時間の止まった」ひきこもり者の世界
　②「時間が進行する」現実世界

　親は，これらの世界の狭間にいます。現実を直視するのに耐えられ

ない親は，①の世界にウェイトをかけて現状に甘んじています。現実的な感覚・価値観が強い親は，②の世界にウェイトをかけ，ひきこもり者を責めたり焦りを募らせたりしています。

　では，親はどうすれば良いのでしょうか。理想を言えば，次のようになります。すなわち，①ひきこもり者が住んでいる世界へ十分に共感を示し，かつ②現実世界に軸足を置いて時間の流れを受け止める，ということです。このことは，前節で述べた親の「自立」とも関連しています。しかし，ひきこもり者の世界の過酷さを考えると，簡単な課題ではありません。

　支援者は，この2つの世界の狭間にいる親を支える必要があります。支援を求める親御さんは，現実世界とのつながりを頼りにしているため，（時に魔法のように）「早く元気にしてほしい」と支援者に期待します。支援者もまた，「自分には早期解決に貢献できる力がある」と，自らに期待しています。時間の進行を視野に収めているためにこのような期待が生じるのですが，同時にひきこもり者の世界に共感できていれば，そう期待通りに事は展開しないことが分かるはずです。

　親の気持ちとしても，「元気なうちに子どもと楽しい時間を過ごしたい」というのが切実な願いでしょう。だから，一刻も早くひきこもり状態を抜け出してほしい。そのような親の気持ちもよく分かる一方で，ひきこもり者本人の立場からは，想像以上の時間が必要であることもまた事実なのです。

　時間の進行と共に親の大病や死が訪れる場合，ひきこもり者にとっては止むに止まれぬ現実が急に目の前に現れることになります。ひきこもり生活の支えがなくなってしまうのです。これをきっかけとしてひきこもり者が社会との接点を回復させる，というケースはしばしばあります。しかし，全てのケースがそうなるとは限りません。厳しい現実が目の前に現れたとき，それを受け止めることができずにますます殻に閉じこもる，ということもあるでしょう。

　この分かれ道がどこにあるかは分かりません。しかし，「現実世界

へつながる準備」というものがあるでしょう。それは，ひきこもり者にとっては非常につらいことですが，日常生活の中で時折，時間の進行に触れ，細くとも現実との接点を築くことです。日々の親からの声かけや支援者の存在などがこれに寄与するでしょう。そして，「お金」は，時間の進行を示す確固たるもので，現実との接点です。そのために，ひきこもり支援にとって「お金」の話は，本人にとっては大きな脅威である一方で強力な武器にもなるのです。

　支援者及びご家族は，「お金を稼ぎなさい」ではなく，時間の進行を示す「貯蓄は徐々に減っていく」という文脈で，お金の話をひきこもり者と共有するのが良いでしょう。具体的には，たとえば貯金通帳の残高をどう共有するかという話になりますが，その必要に迫られていないとすれば，「お金」の話はまだ問題の中核として浮上していないと捉えられます。当面は，前節で述べたような関わりを少しずつ続けていくことです。

　ひきこもり者にとっては，そのように関わってくる親も「現実」なので，拒否したり反発したりするのでしょう。支援者は，ひきこもり者の世界と関わる親についてこのように捉え，その理解を親と共有していくことができます。

　問題の外在化という点からは，「誰が悪い」ということではなく，「時間の進行が悪い」となるでしょうか。それも良いでしょう。間違いなく時間が進行していくこの現実に対峙していくことが，支援者に求められています。

第 3 部　“ 支援者 ” と “ 当事者 ” の関係性

＊　　　＊　　　＊

　第3部は，ひきこもり支援の文脈から少し離れる内容になるかもしれません。ただ，ここで述べる内容は，本書で提示した支援をするうえで常に念頭にあったことです。面接室での個人カウンセリングで解決できる問題であれば，これらを検討する必要はなかったでしょう。しかし，多くのひきこもり者は来談しません。面接室の外で（すなわちコミュニティで）関わる方法を模索すると，ここで検討する問題に突き当たります。「支援する者」と「支援される者」の境目の曖昧さ，及び「支援とは何か」を考えさせられることになります。

　心理学には「コミュニティ心理学」という分野があり，この根底には「共に生きよう。共に生きているのだ」（山本，2000）という理念があります。「支援の対象者も，地域で共に生きている仲間である」という事実が出発点となっています。

　第3部では，この点について検討します。まず第9章で，サポート・グループと並行して実践した，SHG代表者たちとの関わりを振り返ります。月1回の集まりを10年以上にわたって続けたもので，本書では「代表者会議」と呼ぶことにします。当事者を尊重する姿勢と，コミュニティにおいて彼らと関わる際の留意点を検討します。第10章では，専門家の中にある"当事者性"について考えます。

セルフヘルプ・グループ代表者との協働

　セルフヘルプ・グループ（以下，SHG）代表者は，稀有で魅力的な人たちだと私は思っています。自分が抱えている問題への対処に苦労しているのにも関わらず，SHG の運営という苦労も買って出ようとするからです。

　もちろん，当人にその意識があるわけではなく，「自分のために」仲間とつながるところから SHG は始まります。だから，「自助」グループと言います。

　しかし，そのような場を作ろうという意思と力があり，かつ時間の進行と共に社会適応力も高まっていくと，その代表者は SHG の中で「浮く」存在になることがあります。すなわち，最初は他のメンバーたちと同じ「仲間」だったのですが，だんだんと「レベルの高い」ひきこもり者になっていくのです。そうすると，SHG で一目置かれる存在となり，頼られ，それと共に他のメンバーを「サポートする」役割を付与されるようになります。一度始めた SHG を簡単に閉鎖するわけにもいきませんし，続けようとすると「適切に運営する」必要が生じて，半分支援者のようになっていきます。

　本章では，私がひきこもりの SHG 代表者たちと地域で関わった事例を振り返り，彼らと協働する方法について検討します。

初出情報：本章は，板東充彦（2008）ひきこもりのセルフヘルプ・グループ代表者との協働に関する事例研究—「代表者グループ」における援助者性と当事者性への関わり．コミュニティ心理学研究，12(1); 49-64. に加筆修正したものです。

1. ひきこもりと関わる

（1）セルフヘルプ・グループの特徴

　SHG は，原則として専門家が関与しておらず，悩みを抱える当事者のみで運営されているグループです。一般に，専門家が有する知識を「専門的知識」，特定の苦労を体験することで得られる知識を「体験的知識」，それ以外の非専門家の考えを「素人的知識」として区別します。SHG の特徴の一つは，このうちの「体験的知識」を共有することで知見を積み重ね，社会に広めることにある，とされます。

　SHG の規模はさまざまです。アルコール依存症の SHG である AA（Alcoholics Anonymous）は世界的な規模で展開されていますし，日本における「生活の発見会」は，神経症者が森田療法を学ぶ全国組織です。このように大きな規模の SHG は，蓄積された知見を社会に広める機能を有しています。

　しかし，グループは常に小さいところから始まります。想いと一定のエネルギーをもった当事者が，一人で，あるいは他の当事者と共に自然発生的に SHG を形成します。2 人いれば，「2 人のグループ」として SHG を開始できます。誰でも始めることができるのも SHG の魅力です。大きなグループは大きいがゆえの困難がありますが，小さいグループにも困難があります。本章で紹介するのは，全国展開するような規模の SHG ではなく，地域で自発的に始まった SHG の代表者たちとの協働を試みた実践です。

　SHG の特長でもあり困難でもあるのは，「SHG 代表者もまた当事者である」という点です。代表者は，自身が回復した後に SHG を組織することもありますが，まだ回復途上にある段階で SHG を開始することも多いです。

　SHG は支え合いの場ですが，人が集まれば良いことばかり起こるわけではありません。比較的健康な人たちの集団でも難しいのに，心の問題を抱えた人たちの集団であれば円滑に進む，ということはありま

せん。SHG 代表者たちは，グループ運営でさまざまな困難を経験しながら，対応を工夫して難局を乗り越えていきます。しかし，その過程で疲れ果ててしまうこともあります。自身の状態が悪化することもあります。

　対人援助職の専門家であれば，グループ運営に関する技術を学び，自分とメンバーたちの安全を保ちながら実践を行うことができます。では，この専門技術を SHG 代表者に教えることができれば，彼らはよりスムーズにグループ運営を行うことができるのでしょうか。

　これがなかなか難しい課題なのですが，本章で検討したいのはこの点です。

（2）心理臨床家とセルフヘルプ・グループとの関わり

　SHG は，地域のメンタルヘルスの維持・促進に貢献します。そのため，臨床心理学よりも福祉学，あるいはコミュニティ心理学の領域で研究の蓄積があります。専門家が SHG をどう支援できるかという点からの研究もあり（岩間，1998；三島，1998；蔭山，2002 等），その留意点は次のようにまとめられます。

　　① 　専門家は，SHG の「体験的知識」を尊重する
　　② 　SHG の自律性／自立性を認め，専門家が支配しないよう留意する
　　③ 　SHG の成長に伴い，専門家の役割を適切に変化させる

　専門家は，SHG に対して「支援する」という役割のみを担うのではありません。特定の対象者について連携したり，自治体への対応を共に考えたり，地域で一緒にイベントを企画したりするかもしれません。

　臨床心理学は，都会における匿名性を基盤として成立する援助技法です。すなわち，面接室においてカウンセラーは素性を明かさず，クライエントの話を丁寧に聴き，そのサポート役に徹します。「支援する」役割に徹することで，対象者が元気になることに注力します。

　しかし，SHG は「自助」です。原理的に，「支援される」立場には立っていません。そのため，SHG と関わる際に，「支援する」立場を自明とする臨床心理学の理論をそのまま適用することはできません。従って，臨床心理学を基盤にもちながら SHG と関わるには，①対象者の捉え方，②対象者との関わり方，③対象者と関わる枠組みという3点を考える必要が生じます。これらを順に確認します。

　①　対象者の捉え方

　面接室での支援では，カウンセラーは「援助を与える」人であり，クライエントは「援助を受ける」人であるという区別が明確になされています。クライエントは面接料金を支払い，カウンセラーはそれを受け取ります。他方，地域の SHG 代表者は，グループを運営する援助者でもあり，同時に未だ問題を抱える当事者でもあります。関わる専門家は，地域で共に支援を展開する仲間として彼らと関われば良いのでしょうか，それとも当事者として捉え，すなわち支援する相手として捉えれば良いのでしょうか。本章では，SHG 代表者がもつ前者の性質を「援助者性」，後者の性質を「当事者性」として考察します。

　②　対象者との関わり方

　支援場面における専門家の関わり方は，単純に言えば「縦方向」と「横方向」の2軸があります。縦方向というのは，「支援する−支援される」という矢印が明白な関係性です。カウンセラー−クライエントがその典型です。また，専門家が別の専門家に行う助言を「コンサルテーション」と言いますが，コンサルタント（助言をする人）−コンサルティ（助言を受ける人）という関係も縦方向です。他方，横方向というのは「一緒に取り組む」関係性です。俗に「コラボ」と言う「コラボレーション（協働）」は横方向です。何らかの課題に対して，複数の関係者が相談して良い対応を検討します。地域の SHG 代表者に対しては，縦方向あるいは横方向，どちらの関わりをすると良いのでしょうか。

③　対象者と関わる枠組み

　伝統的な臨床心理学では，面接室以外の場で対象者と関わることを想定していませんでした。面接室では，支援の目的を明確にし，クライエントと関わる時間と場所を規定します（岩崎編，1990等）。これによって支援者と対象者の安全を確保し，対象者にとって最大の効果が得られるよう，技法が整備されています。他方，専門家とSHG代表者が関わる際の枠組みについては，どのような場／枠組みが安全かつ有効であるのか，未だ十分に分かっていません。

　以上のような課題を抱えつつ，私はひきこもりのSHG代表者会議を実践しました。第4章で記した図4-1を再掲します。上記の点について検討するために，以下の節でSHG代表者会議の事例を紹介します。ただし，参加者の匿名性を保つため，記載内容は必要に応じて修正を加え，具体的な記述は最小限に留めます。

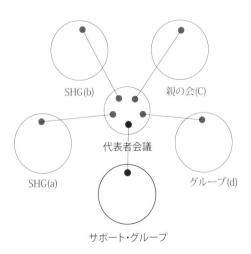

図4-1（再掲）　地域のグループの関係図

2. 代表者会議の概要

SHG代表者会議の枠組み（構造）を含めた概要は次の通りです。

（1）場所

各SHGの開催場所や公共施設で行いました。基本的には毎回同じ場所で実施しましたが，事情により変わることもありました。ただし，ある程度は秘密が守られる場所を選びました。プライベートな話に及ぶこともあるからです。

（2）頻度

月1回2時間で行いました。情報交換をするだけであれば，3カ月に1回くらいでも良かったでしょう。しかし，グループ運営にまつわる課題の解決も視野に入れると，月1回の頻度が必要と考えました。

（3）セッションの流れ

しばらくはフリー・ディスカッションのみでしたが，第4期の途中から次のような進行となりました。主に私が進行役を務めました。

① 一人5分ずつ程度の持ち時間で，近況報告と「今日話したいこと（議題)」を伝える
② 「今日話したいこと（議題)」に沿ってフリー・ディスカッションをする

（4）連絡

SHGの見学や調査研究による関わりを通して着想を得て，代表者会議は始まりました。そのため，代表者会議の参加者とは，研究者としての私個人の電話番号やメールアドレスを使用して連絡を取りました。

表 9-1　主要参加者の概要

参加者	年齢	性別	立場
サポート・グループ代表	20代	男性	心理臨床家
SHG（a）代表	20代	男性	ひきこもり体験者
SHG（a）スタッフ	30代	男性	ひきこもり体験者
SHG（b）代表	20代	男性	ひきこもり体験者
親の会（c）代表	50代	女性	ひきこもり者の親
グループ（d）代表	50代	女性	ひきこもり者の親

＊年齢は初参加時のもの

（5）主要参加者

　代表者会議の主要参加者の概要は表 9-1 の通りです。サポート・グループは，私が代表を務める，第4章で紹介したグループのことです。SHG（a）・SHG（b）はそれぞれ，ひきこもり者本人たちの SHG です。親の会（c）は，ひきこもりの子を抱える親の会です。グループ（d）は，ひきこもり者の親が代表を務め，ひきこもり者本人たちを対象としたグループです。

　表 9-1 には記述していませんが，折に触れてさまざまな人が会議に参加しました。主要参加者が SHG の他のスタッフやメンバーを連れて来ることもありましたし，行政関係者が顔を出すこともありました。その場合，他の主要参加者たちに事前の了承を得ることを原則としました。

（6）主要参加グループ

　表 9-1 の主要参加者らが運営する各グループの概要を表 9-2 に示します。サポート・グループ以外はおおむね，円になって座る設定ではなく，自由に散らばって座る空間を提供していることが分かります。図 4-1 に描いたように，これらのグループの代表者らが集い，代表者会議を構成しています。

表 9-2　主要参加グループの概要

参加グループ	スタッフ	メンバー数	開催頻度	場所	特徴
サポート・グループ	心理臨床家1人と臨床心理学専攻大学院生1人	毎回平均5人ほど	隔週	NPO法人の一室を借用	・参加は自由な「フリーグループ」 ・孤立しない円座の構造で，場に「居られること」を目指す
SHG (a)	代表と中核的なメンバーたち	最盛期は数十人の登録者	最盛期はほぼ毎日	公共施設など	・自由な空間の居場所を提供 ・対社会的なメッセージの発信やスポーツなど活発な活動
SHG (b)	代表を含めた2〜5人ほどのスタッフ	毎回10人以下が多い	月1回	公共施設	・自由な空間の居場所を提供
親の会 (c)	代表を含めた4〜8人ほどの運営スタッフ	数十家族が登録	月1回	公共施設	・会報の発行。講演会の開催 ・ひきこもり者と親たちのための居場所の提供
グループ (d)	代表とボランティア2人ほど	毎回10〜15人ほど	隔週	公共施設	・自由な空間の居場所を提供 ・親の会 (c) と関わりがある

3.　経　　過

　数年に及ぶ経過を記します。＃は，代表者会議のセッションの回数を表します。また，エピソードにおける私の発言を〈　〉，他の参加者の発言を「　」で示します。

第1期（＃1〜6）協働の意思確認と枠組みの設定

　私は，近隣地域で活動するひきこもり者のSHGや親の会を見学に

行きました。SHG 代表者たちと面識ができ，その過程でグループ運営の相談も受けました。親の会（c）代表からはひきこもり者本人のグループの作り方に関して，SHG（a）代表からは誹謗中傷を繰り返すメンバーへの対応に関してでした。しかし，ひきこもりの SHG では，私は唯一ひきこもりを体験していない異質な存在であり，自分の考えを率直に伝えづらいように感じました。

　これらの SHG では，自由な空間としての居場所を提供して雑談をする形態がとられていました。活発で楽しそうな雰囲気を感じながらも，他方で，メンバーたちの輪に入れずに疎外感を抱いてしまうひきこもり者の存在に気づきました。そこで，SHG（a）代表と話したときに，上記の問題意識と SHG（a）運営にまつわるリスクをやんわりと指摘しました。SHG（a）代表は，臨床心理学の専門性をもつ外部の者からの指摘に対し，少し不愉快さを感じたように見えました。

　私は思案し，一つの円になって仲間はずれが出ないように進行するサポート・グループ（第4章参照）の設立を検討しました。これと並行して，地域で活動するグループの代表者の一人として，SHG 代表者たちと連携を取ることを考えました。

　私は，それまで個別に接触をもっていた地域の SHG 代表者たちに声をかけ，初めて一堂に会する機会を設けました（＃1）。私はいくつかの SHG へ見学に訪れていましたが，SHG 代表者同士はこの機会が初対面の場合もありました。彼らは，SHG を訪れる全てのひきこもり者に丁寧に対応することは難しい，という限界の自覚ももっているようでした。私からサポート・グループ設立の趣旨を伝えると，その限界を補完できる可能性と，地域で連携してひきこもり支援を行おうとする姿勢を歓迎してくれました。

　代表者会議はまだ定例にはなっていなかったので，4カ月後に再び私から声をかけて集まりました（＃2）。この回では，主にひきこもり支援をめぐる情報交換がなされました。その後，親の会（c）代表から2，3回，電話で相談を受けました。親の会（c）スタッフ間の意見調

整が難航したとのことで，SHG（a）代表にも同様に相談をしたと言います。私は，代表者同士のつながりが築かれたのは良いことと感じながら，彼らの不安定さが前面に出てきたときに私は落ち着いて対応できるだろうかと自問自答しました。大学院の授業で聞いた臨床心理学の理論では，心理的距離が近くなりすぎると支援は破綻するリスクをはらむと学んでいたからです。そこで，親の会（c）代表に対して，グループ運営についての相談や情報交換を目的として再度集まることを提案しました。「それはぜひお願いします」と返答があったため，私から再度 SHG 代表者たちに声をかけ，2カ月後に＃3を開催することになりました。

　＃3は，SHG 代表者たちの熱意と真摯さを感じる回となりました。グループ運営に関する活発な意見交換が行われ，私から地域のグループ共通で一つのチラシを作成する提案をすると，賛同が得られました。他の参加者からは，ホームページ作成の提案も出されました。初参加の SHG（b）代表は，「最近，SHG（b）はメンバーが激減していて，ちゃんとした活動ができていない。でも，今日話をして前向きな気持ちになれました」と感想を伝えてくれました。SHG（a）代表は，「この集まりはとても良いと思います。当事者もいるし，親もいるし，アカデミックな立場の人もいるし」と述べました。

　しばらく後，代表者会議の参加者より電話があり，SHG（a）代表が精神的に調子を崩して一時行方知れずになった，と聞きました。一方，親の会（c）代表からは「いろいろ大変なことがあって。代表を辞めようかとも考えています。私ももう限界なんです」という電話がありました。私は，代表者会議で SHG 代表者たちと同等の立場で連携し，コラボレーションを図ることを目指しながらも，共に地域援助を行う仲間としては頼りなく感じました。率直に意見を伝えることで関係が壊れてしまう恐れもある，という心配も浮かびました。

　＃6では，私から代表者会議のあり方について話題にしました。参加者たちも同様の問題意識をもっていたようで，SHG（b）代表は「こ

の集まりの趣旨をもう一度確認したい。そもそも，私たちのところはダラダラとやっている集まりなので，代表者会議がかっちりした議論の場になるよりも，情報交換の方がありがたい」と言いました。他の参加者は，「私は，自分のグループを進めていく上での相談に乗ってもらうというか，愚痴を聞いてもらうというのもしたいなー」と言いました。＃6の検討で，情報交換・情緒的な支え合い・グループ運営についての具体的検討を目的としてひきこもりの地域支援に貢献する，という代表者会議の趣旨が共有されました。ここから，毎月の定期的な開催が定められ，代表者会議の名称の決定や守秘義務の確認なども行われました。

<u>第2期（＃7～12）　SHG代表者の当事者性との関わり</u>

　SHG（b）代表から「SHG（a）が閉鎖されると聞きましたが，本当ですか？」と電話が入りました。SHG（a）は，メンバー同士の交流が活発化しすぎて，対人関係のトラブルが続いているようでした。

　私は＃7で，しんどい状況にあるSHG（a）代表のつらさを受け止め，情緒的に支えられるような関わりを心がけました。他の参加者たちも，同様の姿勢でSHG（a）代表を支えようと努めました。しかし，SHG（a）ではその後も対人関係上の混乱が続き，すでに収拾がつかない状況になっていました。SHG（a）は一旦閉鎖されることになり，SHG（a）代表は疲労困憊し，代表者会議も欠席が2回続きました。その後，SHG（a）代表は徐々に調子を取り戻して代表者会議を再訪し，SHG（a）の今後についてみんなで検討しました。この頃には，共通のチラシの効果もあって，複数のグループを並行して利用しているひきこもり者もいました。閉鎖されたSHG（a）のメンバーたちは，グループ（d）を新たな居場所として利用し始めました。私は，メンバー構成が変化したグループ（d）の従来のメンバーたちに対するフォローについて言及しました。

　ある参加者が，ひきこもりにまつわる自分の家族の状況について涙

ながらに話した回もありました。他の参加者たちは，当事者としての自然な共感性で応答しました。ひきこもりの実体験をもたない私は，同等の立場に立てない異質さを感じていましたが，代表者会議で支え合う仲間としての感覚は築かれていました。

第3期（# 13 ～ 29）　SHG代表者の援助者性との関わり

　SHG（a）代表は，1年ぶりにSHG（a）を再開させ，従来のメンバーも戻ってきたと報告しました（# 18）。また，親の会（c）代表は，代表者会議の参加者たちが協働して行うひきこもり支援のシンポジウム開催を提案しました（# 19）。その後も，協働で行う企画の提案や検討，各グループ運営の意見交換，SHGメンバーへの対応に関する事例検討，就労支援の方法についての話題が続きました。雑談・冗談も多く和やかな雰囲気で，自由かつ率直な意見交換ができる雰囲気が作られていきました。

　私は臨床心理学の専門性から意見を言うことが多かったのですが，SHGは心理療法を行う場ではないため，SHG代表者たちの援助者性を尊重して関わることに留意しました。SHGでは，代表者や参加者たちの体験から得られた知識や情熱がメンバーたちと共有されることが何より大事だと考えました。

　SHGにおけるメンバーの理解と関わり方について，次のような発言もありました。「でも僕，あまり難しいことは分からないですから。最初にSHGを始めたときは，『僕が何とかしてやろう』っていう気持ちが強かったんです。でも，最近はそんなに思いません（笑）」（# 25）。SHG運営の気負いから解放された感じと，代表者としての想いを共有できた場面でした。

　# 27では，SHG（b）代表から，メンバーが減ったためにSHG（b）を閉鎖したいという考えが伝えられました。しかし，地域で長く居場所を提供してきたSHG（b）への期待が参加者たちから伝えられ，結果的に存続することとなりました。

第 4 期（# 30 〜 40）　代表者グループの目的・方法の再構成

　# 33 の頃，ある SHG 代表者の個人的な祝い事があり，代表者会議の参加者数名で祝賀会を開くことになりました。活動を共にする人の慶事に対して，このような祝賀会が企画されるのはごく自然なことです。しかし，匿名性に重きを置く支援技法である臨床心理学を学んでいた私は，誘われた祝賀会への参加を迷いました。ひきこもりの当事者と酒席を共にして良いものか，と考えたのです。良い言い訳を考えて参加しない方法もあったかもしれませんが，私が欠席するのは不自然だったため，迷った末に参加することにしました。結果としては，普段とは違うくだけた場で心のガードも下がり，代表者会議に対する不満を含めた本音も聴く機会ともなり，有意義な時間となったのです。この頃の代表者会議は，参加者が定刻に集まらないことも増え，停滞した感じがありました。私も充実感や手応えを感じられないことがありましたが，この祝賀会はお互いにとっての良い刺激となりました。

　# 34 で，代表者会議の進行方法が話題となり，前半に近況報告と議題の提示を行い，後半に提示された議題に沿って意見交換を行うことが決まりました。しかし実際は，参加者たちの話題は溢れるようにあって，近況報告の時間を厳密に統制することはできませんでした。私は柔軟に対応しつつ，かつ特定の人が延々と話すことは避けるような進行を心がけました。

　# 36 の頃，親の会（c）主催のひきこもり支援セミナーが開かれました。代表者会議でも検討を行い，当日は代表者会議の参加者たちがパネリストとして出席しました。医療・行政の支援関係者やひきこもり当事者ら数十名が集まり，活発な議論を行う機会となりました。代表者会議の成果と言える出来事だったと思います。

　#37 で，グループ（d）代表から「この集まりの目的が分からない。板東さんの意図は？　何をどこまで話していいのか」と率直な確認がなされました。これを受けて，代表者会議の目的と内容の再確認，及び明文化が図られました（表9-3）。また，明文化はしませんでした

179

表 9-3　代表者会議の目的

目的：各グループ・団体の代表者等の協力によって，地域のひきこもり支援体制を築くこと
1．グループ内トラブルへの対応についての検討 2．各グループの運営に関する検討 3．共同で行うイベントの企画 4．それぞれのグループへの協力 5．情報の整理・共有

が，参加者がグループ運営の「愚痴を言える」場であることも共有されました。#38 では，代表者会議の安全性を高めるために，原則的に参加者を限定することが改めて確認されました。「グループ運営の愚痴」もそうですが，SHG 代表者にしか共有できないこともあるからです。このように，「私たちの集まりはうまく進んでいるのか？」という点を繰り返し再確認できることは，集団にとって極めて重要なことでしょう。

　参加者たちからは落ち着きが感じられるようになり，各グループにおける SHG（a）代表やグループ（d）代表のメンバーとの関わりからは，心理臨床的な配慮が感じられるようになりました。

第 5 期（# 41 〜 44）　協働の意識と凝集性の高まり

　# 41 に，グループ（d）代表は欠席しました。グループ（d）代表の家庭状況と運営の疲労のためにグループ（d）が閉鎖されることになったようだ，と他の参加者から情報提供がありました。グループ（d）代表の周囲に急な展開があったようです。その後，グループ（d）代表はグループ活動及び代表者会議から離れることになりました。

　代表者会議では，グループ（d）閉鎖の影響とその対応について検討がなされました。親の会（c）代表はショックを受け，グループ（d）と関わりのある団体として「こんなことになるとは……。メンバーたちの行く末など，もっと気がついていれば良かった」と自責の念を表

明しました。これに対して，SHG（a）スタッフらは「親の会（c）代表もいろいろ大変なんですし，他の人のことまでなかなか気を向けられないですよ」と共感的に支えます。グループ（d）の最終回には，親の会（c）代表も「グループ（d）と無関係ではないので，知らん振りはできません」と言って参加されました。これまでにグループ間交流が進んでいた SHG（b）代表も参加し，居場所を失うグループ（d）のメンバーたちが SHG（b）を利用できるよう取り計らわれました。メンバーたちにとっては，グループの閉鎖は大きな喪失体験となるので，それを回避しようとしたのです。代表者会議では，グループ（d）メンバーたちの SHG（b）への適応に関して検討がなされました。その後，親の会（c）代表とスタッフらがグループ（d）代表を茶話会に招き，これまでの苦労を労ったことが報告されました。グループ（d）は閉鎖されましたが，唐突な閉鎖の折に見られる混乱は最小限に留まったようです。

その後

　この後も，必要に応じて工夫や修正を加えながら代表者会議は続きました。SHG 代表者らは徐々に回復し，資格を取るなどしてそれぞれが支援の専門家になる道を進みました。つまり，時間の経過と共に，対人援助の専門家としての同業者になっていきました。代表者会議を始めた当初は，当事者性を抱えている SHG 代表者たちとの関わり方／距離の取り方に私は注意を払いました。それは心理臨床家として正しい姿勢だったと思います。しかし，数年が経ち，彼らが社会的立場としても専門家になっていくと，逆に一定の距離を保たなければならない必然性が薄れていきました。専門家と当事者との境界というのは丁寧に考えたいテーマですが，時間の経過と共にその境界のグレーゾーンを歩んでいる感覚を味わうこととなりました。

　このことをもっとも意識したのは，何度か提案されたお祝い会で，酒席を共にした時です。ある SHG 代表者からは「今度は家族同伴で！」

とも言われましたが，私にとってはひきこもり地域支援の場であり，家族同伴という考えは生じませんでした。

　また，後にこういう言葉も聞きました。「板東さんは，僕へのねぎらいとか賛辞とかをよく言うけど，僕はそのような言葉には関心ないんです。僕はひねくれているから，子ども扱いされたみたいで全然腑に落ちないです。僕は，カウンセリングマインドよりも普通の人対人の関係を望んでいます」。さらに，次のような声も聞きました。「代表者会議の参加者があまり変わらないことにも，閉鎖的であることにも疑問があります。仲良しクラブで終わっていないでしょうか？」

　代表者会議を提案した立場として，私はこのような声への対応に困ってしまいました。開始当初は，私だけが専門家であって，他の参加者たちは当事者でした。「地域のグループ代表者」という同じ立場にある人たちの集まりとして設定したのですが，私は「支援する者」の色が濃い立場にいたのでしょう（それで良いと思っています）。しかし，会議が始まって数年が経ち，上記の声を聞いたとき，私は SHG（b）代表者にこの声への対応について相談しました。それこそ同等の立場で，困りごとを心から相談したのはこの時が初めてだったかもしれません。

4．考　　　察

　以上，地域における SHG 代表者との協働の事例をやや丁寧に紹介しました。

　率直に言って，この代表者会議は私にとって「自慢のグループ」です。私は，SHG 代表者の方たちに惹かれる傾向があるようです。自分が抱える課題に未だ悩まされながらも，お金にもならず，苦労の多い SHG の活動を続ける方たちです。専門家の目から見れば，その支援は不器用にも見えるのですが，専門家にはない情熱を彼らはもっています。

　問題は，心理臨床家としてどのように彼らに関わることができるか，

ということです。自助を特徴とする SHG なので，専門家は関わらなくても構わないのでしょう。しかし，適切な方法で関わり協働することで，さらに力のある地域支援を展開できるかもしれません。

　また，ここで紹介した事例のように長年関わっていくと，SHG 代表者も専門家も変化していきます。「地域で当事者には関わらない」と決め込むのではなく，状況の変化を捉えながら関わる方法を模索するのは自然であり，かつ実践的なことです。コミュニティ心理学の言う「共に生きている仲間として」という感覚を基本に据えるならなおさらです。

　これらのことを踏まえて，（1）SHG 代表者の援助者性・当事者性と専門家の関わり方，（2）専門家と SHG 代表者が関わる場／枠組みという2点について，以下に考察します。

（1）SHG 代表者の援助者性・当事者性と専門家の関わり方

　SHG 代表者がメンバーを支援するという性質を「援助者性」，未解決の問題を抱えているという性質を「当事者性」と表現します。また，SHG 代表者と専門家との関わりとして，「支援する－支援される」という縦方向の関係性と，「一緒に取り組む」という横方向の関係性を捉えます。これらの視点をもとに，表9-4 を作成することができます。

　専門家としてまず考える関わり方は「運営に対するコンサルテーション」（表9-4 左上）ではないでしょうか。専門的知識を伝えること

表9-4　SHG 代表者の援助者性・当事者性と専門家の関わり

SHG 代表者の性質／専門家の関わり	援助者性	当事者性
支援	運営に対するコンサルテーション	受容・共感支持的関わり
協働	運営に関する意見交換	代表者たちのセルフヘルプ

を通して，SHG 代表者たちの援助者性を高めるよう，支援します。しかし，専門家が不用意に当事者と関わると，この専門的支援が前面に出すぎ，SHG に対しては有害となる場合があります。本章で示した経過では，＃ 1 以前の関わりですでにこの弊害が感じられたので，自戒するようにしました。＃ 25 の発言にあるように，高い専門性を求めるのは SHG 代表者に負荷をかけることにもなります。ただし，受容・共感的な関わり方，心理臨床的なアセスメント，グループ運営上の技術など，対人援助職の専門性が SHG メンバーとの関わりに有効であることも事実です。この事例では，私が専門的なコメントを比較的率直に伝え，SHG 代表者たちがそれを受け止めてくれるようになったのは第 3 期頃です。互いを尊重する姿勢をベースとして，多くを求めすぎず，そしてお互いの防衛する心が和らげば，コンサルテーションは有効に機能します。

　コンサルテーションは，図式的には上から目線の関わりですが，よりフラットな関わりは「運営に関する意見交換」（表 9-4 左下）です。これは，さまざまな情報交換と共に，彼らが代表者会議に求めるニーズの一つでした。第 4 期に明示された代表者会議の目的（表 9-3）からも，このことが分かります。ただし，フラットな意見交換と言っても，やはり専門家の意見は強いのです。専門的視点はすぐ私たちの脳裏に浮かびますので，その地点から非専門家を見るとイライラすることがあります。専門家にプライドや気負いがある場合はそれに拍車がかかります。地域のグループの代表者としての対等な立場を常に意識していなければ，容易に上から目線になるのです。加えて，こちらは十分に注意していたとしても，彼らは畏怖心を抱いて専門家を見ることもあります。私がどれほど適切に対応できていたかは分かりませんが，「協働」の意識を常にもって SHG と関わることが大事でしょう。

　専門家を対象とした連携は，以上のことに留意すれば良く展開できるでしょう。しかし，SHG 代表者には「当事者性」もあります。SHG 代表者は回復の途上にあり，「半ひきこもり」の状態にあるとも言えま

す。課題は人それぞれですが，SHG 運営や対人関係面において，何らかの不安定さが前面に出てきます。ただし，地域での関わりは，面接室におけるカウンセラーとクライエントの関係とは違います。私たちは彼らに心理療法を行うことはできません。そして，それ以上に大事なことは，彼らはそれを求めていないということです。本事例では，経過と共に SHG 代表者たちの安定感は増してきましたが，第 1 期から第 2 期にかけては彼らの依存性や不安定さを感じる機会が多くありました。地域に関わる専門家としては，これに対する配慮とある程度の覚悟が必要でしょう。彼らが SHG 活動を通して元気になっていく過程をサポートする姿勢が必要になります。人は皆元気になりたいと思っていますし，そのために人を頼ることもあります。従って，もっとも深奥には「心理的サポートがほしい」というニーズがあると思います。しかし，これを前面には出さないのです。専門家としてはこの隠れたニーズを十分に捉え，「受容・共感，支持的関わり」（表 9-4 右上）の対応に留意する必要があります。

　表 9-4 にはもう一つ，当事者性をもって協働するという「代表者たちのセルフヘルプ」（表 9-4 右下）の枠があります。これは，「専門家もまた当事者性をもつ」という意味です。この含意は 2 つあります。1 つ目は，地域のグループ代表者としての悩みを抱えた個人，という意味の当事者性です。これに関して，私は第 1 期からもっと代表者会議でグループ運営上の愚痴を吐露することができたかもしれません。しかし，私が運営するサポート・グループは心理臨床実践なので，運営上の困難や工夫に関してはスーパーバイザーや専門家仲間に相談することが多かったのです。私が心から代表者会議の参加者に相談したのは，開始して数年が経過した「その後」の時期でした。この頃になってようやく，彼らの安定感を頼もしく感じると共に，私も肩の力を抜けるようになった感じがします。

　このように，地域で SHG 代表者たちと関わる際には，表 9-4 の 4 種類の関わり方があると考えられます。これらのどこにウェイトが置

かれるかは，地域連携の目的と方法によるでしょう。本事例は，代表者会議としての共通理解は「運営に関する意見交換」であり，「代表者たちのセルフヘルプ」を理想としながら，裏では「受容・共感，支持的関わり」を十分に意識した実践だったと捉えられるでしょう。SHG代表者たちは，自分が運営するSHGでは頼られる存在となっていて，そこで自分の愚痴を吐くことはなかなかできないのです。代表者会議は，彼らにとってのセルフヘルプ・グループであったと言えるでしょう。

　なお，先ほど述べた「専門家もまた当事者性をもつ」の2つ目の含意は，「専門家と言えども，さまざまな問題を抱えた一個人である」ということです。これについては第10章で検討します。

（2）専門家とSHG代表者が関わる場／枠組み

　心理臨床家は，カウンセラーとクライエントの安全を守り，専門性が最大限に生かされるように面接室の構造を設定します。しかし，面接室の外ではその構造がなくなってしまうため，地域でSHG代表者たちと関わるためには工夫が必要になります。一方でSHGは，メンバーの同質性と一体感を基盤として，安心して居られる場所を作っています。SHGに異質な者が混じると，その安全性が脅かされる可能性があります。

　では本事例の代表者会議では，専門家とSHG代表者たちはどのような場／枠組みを作ったのでしょうか。これを図9-1のように示したいと思います。面接室で行う伝統的な心理臨床は，時間・場所を固定し，明確な目的・方法のもとに行い，理論的背景をもった見立てと介入が行われます。SHGは，伝統的な心理臨床と比べると，時間・場所の設定は折に触れて流動的に変化し，目的・方法は明確に定められておらず曖昧なことが多いでしょう。共通の体験的知識から生まれる情熱と共感性がかけがえのない支援の力となっています。

　代表者会議は，専門家とSHG代表者が一堂に会する場です。ここ

	伝統的な心理臨床	代表者会議	SHG
支援者の専門性：	理論的背景をもった 見立てと介入	SHG代表者との 関係性の理解	同質の体験からなる 情熱と共感性
時間・場所：	固定	ほぼ固定	流動的
目的・方法：	明確	徐々に明確になる	あいまい
安全性の確保：	枠組みを守ること	枠組みの形成と 協働の感覚	メンバーの一体感

図 9-1　代表者会議の枠組み

における支援者の専門性は，「SHG代表者との関係性の理解」と思われます。SHG代表者たちの潜在的なニーズや自尊心を理解し，彼らの支援力を損なわない関わり方が求められます。本事例では，目的・方法が徐々に明確になっていく経過をたどりました。協働には，当初から共通の目標が定められているタイプと，参画する支援者たちが追求する目標が次第に共通性を帯び明確になっていくタイプがありますが（岸本，2008），本事例は後者の実践でした。第1期の間に，時間・場所も定められました。しかし，会議は予定の時間になかなか始まらず，伝統的な心理臨床のような厳格さはありませんでした。悪く言えばルーズ，良く言えばほど良い柔軟さがありました。

　安全性の確保に関しては，このような枠組みが定まってきたこと自体に加えて，「協働の感覚」が挙げられると思います。代表者会議の場は，伝統的な心理臨床のように面接室の構造を精緻に作ることで安全性を高めることはできません。心理臨床家（本事例では私）の支援力をそこまで確固たる形にすることは困難です。そうではなく，代表者会議の場も彼ら自身のためのSHGとして機能することが，場の安心

感をもっとも高めるのではないでしょうか。SHG代表者たちのアイデンティティは地域の支援者ですから，図9-1には「協働の感覚」と書きました。コミュニティ心理学の理念と一致するところで，専門家も混ざりながら「地域で共に生きる仲間として協働する」感覚が彼らに力を与えると思います。

第 10 章

支援者の“当事者性”

　当事者とは「そのことに関わりのある人」のことを指し，対人援助の文脈では，「その問題を抱えた人，及びそこに関わる人」の意味で用いられます。たとえば「事件の当事者」などの言い方をします。

　ただ，「当事者性」はあまり聞きなれない言葉でしょう。明確な定義もありません。本章において「当事者性」という言葉で考えたいのは，「（当事者ではない）第三者だけれども，当事者と同種の問題を抱えている」という状態のことです。たとえば，親しい人を事故で亡くし悲嘆にくれる人の支援者が，自分も過去に家族を事故で亡くした経験があるとします。このような場合，「この支援者は，喪失体験に関する当事者性をもっている」と言うことができます。

　では，この「当事者性」の範囲はどこまで拡張されるのでしょう。上記の例では，事故ではなく病気で身近な人を亡くした場合はどうでしょう。亡くなってはいないけど，重大な後遺症が残った場合はどうでしょう。可愛がっていた飼い犬を亡くした場合はどうでしょう。

　本章では，この「当事者性」の概念を「生活人としての悩み」まで拡張して捉えてみます。たとえば，「仕事が多すぎて疲れてしまう」「他者の視線が気になることがある」「自分の人生をつまらないものに感じる」などは，比較的多くの人が感じたことのある悩みではないでしょうか。

　概念は，拡張しすぎると言葉の意味自体が薄れてしまいます。そのため，あまり拡張するのは良いことではないかもしれませんが，「当事者性」という概念をこのように拡張して検討したいのは次のようなこ

とです。すなわち,「専門家も悩みを抱えた一個人である。支援の場で，このことをどう捉えれば良いか」ということです。

1. 当事者性について

　「当事者」という言葉は元々法律用語で,「原告と被告」のように,訴訟によって利害を争う者のことを指します。訴訟に勝てば，何らかの利益を得ることができます。調査研究や心理臨床の場面における当事者概念を考察したものとして，宮内洋・今尾真弓編著（2007）『あなたは当事者ではない―〈当事者〉をめぐる質的心理学研究』,宮内洋・好井裕明編著（2010）『〈当事者〉をめぐる社会学―調査での出会いを通して』,上野千鶴子著（2011）『ケアの社会学―当事者主権の福祉社会へ』等の書籍を挙げられます。これらにおいて,「当事者（性）とは」という議論もなされています。おおむね共通しているのは，何らかの問題の存在を想定して，それに関わる者の範囲を定義し,「当事者」と呼んでいることです。

　社会学者の上野（2011）は,ケアされる側は問題に対する第一次ニーズを抱えており,ケアする側には第二次ニーズがある,とします。ケアされる側は自身の抱える問題から容易に逃れられないのに対して,ケアする側はそこから逃れることができます。この点を踏まえたうえで，上野は当事者を「ニーズの帰属（を引き受ける）主体」と定義しました。

　心理臨床家が当事者を語るときのトーンはやや異なります。上記の書籍『あなたは当事者ではない』の中で，星野朋子はカウンセラーを対象に調査研究を行い,「自分はカウンセラーという曖昧な言葉に巻き込まれている当事者なのではないか」（p.132）と言い,「疑問や違和感をもち続けるということ自体が私の当事者性なのかもしれない」（p.133）と述べます。また,同書で森岡正芳は「まさに当事者という意味で,人は誰も自分の生活,人生の文脈から離れることはできない」（p.188）と言います。生活人としての自分に目をやると，誰もが人生

の困難に巻き込まれている当事者である，と捉えられます。

　当事者に関する議論の重要性の一つは，研究者や支援者といった専門家と，その対象とする者の関係性を検討することにあります。専門家は，その対象者とは違って，「観察する者」「支援する者」としてあたかも特別な位置にいるかのような前提があります。研究者は観察する地点に立ち，研究の対象として捉えるという近代科学の基本構図からこの前提が生じています。

　臨床心理学では，面接室において，支援者は相談者の話を聴くことに徹します。支援者は，相談者が持ち込む問題に応じる健康な人というポジションにいて，原則的には支援者が抱える個人的問題は相談場面に登場しません（ただし，支援者の深層の反応が面接室に現れることを捉える視点が逆転移理論で，それを取り扱う技法は重視されています）。

　上記の書籍『あなたは当事者ではない』において，医療者の高橋都は，「阪神大震災が本当に人ごとだと思えないんですよ」というがん患者の語りを紹介し，それを「がんと震災の間に『生きるか死ぬかの体験』という共通性を見出したから」(p.75) だと説明しています。そして，体験者の均質性の程度は，その「体験」の範囲の捉え方によって変わると述べます。「共通の問題」と言っても「共通の体験」と言っても，その範囲は定義によって伸び縮みして，「当事者（性）」は曖昧な概念になってしまいます。

　以上を踏まえて，本章では当事者性を「生活人としての悩みを抱えた主体のあり様」と定義することにします。

　コミュニティにおける支援を進めると，臨床心理学に特有の匿名性が薄れると共に，「共に生きる生活者」（山本，2000 等参照）としての個人的な感覚が表に現れてきます。「共に生きる」ためには，上下関係ではなく，横並びの関わりが求められます。自分のことを語らず，「聴くに徹する」位置に立ち続けるのはだんだん不自然になってきます。

　面接室においてカウンセラーとクライエントの役割を明確に分ける

臨床心理学的支援技法を学び，その後で日常生活場面に近いコミュニティで対象者と関わる機会を得た人は，このテーマにピンと来るところがあるのではないでしょうか。私は，臨床心理学の社会貢献を進めていくにあたり，このテーマは避けて通れないと思っています。

そして，専門家の当事者性を取り扱う方法が見えてくると，臨床心理学の技術こそコミュニティに貢献できる，と私は信じています。臨床心理学は関係性を扱う学問であり，心理臨床家は関係性の専門家だからです。その専門性を面接室の中に留めておくのはもったいないことで，面接室の外に，さらに活躍できる場があると思うからです。

本章はそのための試論にすぎませんが，次節では，本書で提示した支援や調査を振り返りながら専門家の当事者性にまつわる葛藤について考えます。

２．専門家の当事者性

（１）専門家の自分語り

このテーマに真っ向から取り組んだのは，マクダニエルら編（1977／2003）『治療に生きる病いの経験—患者と家族，治療のための 11 の物語』です。この本の編者は，執筆者たちに対して「著者自身の病いの経験についてのストーリーも含め，その経験がその精神療法にどのように影響したかを描くこと」というオーダーを出しました。同じ病気を抱えていれば当事者性があると単純に言えるわけではありませんが，患者と同じ病気を抱えていると，その患者に接する度に自分の個人的経験が思い出されて反応することは容易に想像できます。

私も，高松里編（2009）『サポート・グループの実践と展開』の執筆依頼を受けたとき，「グループを始めた個人的動機を書いてほしい」というオーダーを受けました。高松は同書で，「地域でサポート・グループを実施している人たちの多くは無給であり，その活動から金銭的な報酬を受けていません。それどころか，自分の個人的な時間を提供し，時には金銭的な持ち出しも厭いません。そこには，何らかの『必然

性』とか『止むに止まれぬ気持ち』があるように感じられます」(p.4)
と述べています。支援者が自らサポート・グループを立ち上げる場合
は特に，当事者性が反応することになりそうです。

　研究者が，自分も経験済みの事柄を対象として研究を行うことがあ
ります。特に社会学研究においては，自身の体験を赤裸々とも言える
くらいに記述しながら行う研究スタイルがあります。たとえば，矢吹
康夫 (2017)『私がアルビノについて調べ考えて書いた本―当事者か
ら始める社会学』，貴戸理恵 (2004)『不登校は終わらない―「選択」
の物語から〈当事者〉の語りへ』，要友紀子 (2020)「セックスワーカ
ー運動といくつもの壁―私たちの経験を示す言葉を探求する」等の文
献を挙げられます。ただし，要も「私自身，自分の当事者としての経
験の話を文章に書いたのは実はこの原稿が初めてであって，ここに至
るまで 23 年もかかっている」(p.242) と書いています。社会学者は
自分語りに葛藤がない，ということではありません。

　他方，予想通り，心理臨床家の自分語りは少ないです。私たちは「自
分のことを無闇に語らない」というトレーニングを受けていますし，
それが専門性の一端を担っているからです。ただし，高松を中心とし
たサポート・グループ実践研究者らは，この点を折に触れて検討して
きました。2012 年の人間性心理学会第 31 回大会で行ったシンポジ
ウムでは，難病に罹患したカウンセラー，性的被害を経験したカウン
セラー，若い頃の非行経験を公にできずにいるカウンセラー等が登壇
し，その体験の取り扱いについて検討しました。そこで，登壇者の一
人は次のように語りました。「心理臨床の場には持ち込んではいけない
"This is me" がいくつもあるように思います。『臨床家である " 私 "』
よりも『" 臨床家 " である私』でいなければいけない感覚への違和感
を強く抱いています」。

　心理臨床場面において，クライエントは「当事者性」を思いっきり
ぶつけてきます。他方，カウンセラーは当事者性を極力表に出さない
ようにします。この非対称の関係性の設定が心理臨床に有効なことを

私はよく知っていますし，これを否定する気はありません。しかし，生活場面に近いコミュニティに近づくと，この非対称性を押し通すことは困難になってきて，強い違和感として感じられるのです。

（2）医療モデルとコミュニティ・モデル

　心理臨床家の自己開示には，カウンセラーの個人的体験を伝える Self-disclosing と，クライエントとの関わりから自分に沸き起こってくる感情を伝える Self-involving があります。上記の「個人的動機」は，このうちの前者に関わるものです。すなわち，カウンセラーのそれまでの人生での同種の体験から生じるものです。この自己開示については後に検討しますが，その前に，専門家と対象者の関係性を捉えるモデルについて考えます。

　それは医療モデルとコミュニティ・モデルについてで，図 10-1 のように図示できます。医療モデルは縦軸で，医者と患者（あるいはカウンセラーとクライエント）のように，支援する者 – 支援される者の役割を明確に分けた関係性を示しています。他方，コミュニティ・モ

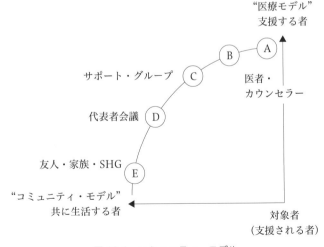

図 10-1　コミュニティ・モデル

デルは横軸で，社会において「共に生活する者」という地点を出発点としています。たとえば，友人や家族が支援をする場合は，E 辺りの位置にいて悩んでいる対象者と関わります。SHG も E の位置で, お互いにあれこれ語り合いながら支援をします。逆に，A の位置にいる支援者は個人的事柄を表には出しません。

　円の位置は感覚的なものにすぎませんが，サポート・グループは C 辺り，代表者会議は D 辺りでの支援とイメージしています。A から E に向かうに従って，"臨床家" として振る舞って "私" を隠すことへの違和感が強くなってきます。すなわち，本章で言う "当事者性" が頭をもたげてきます。

　個人カウンセリングの場面でも,「一人の人として接してほしい」と,クライエントから真剣な目で言われることがあります。しかし，残念ながらそれはできません。難しい課題を抱えて来談するクライエントに対して十分に効果のある支援を行うためには，かなりのエネルギーを使います。心理臨床家は，特別な面接室の設定をして，関わる時間を決めて，もっとも有効な支援を提供する方法を模索します。友人のような関係性では支援者の負担が大きくなりすぎ，結果として支援は未完のまま終わってしまうでしょう。クライエントは元気になることを望んでいますから，カウンセラーはこの方法論がもっとも有効であることを丁寧に説明します。これが医療モデルです。

　ただし，このような医療モデルの枠組みに収まるために，利用者の方も覚悟が必要です。自分の課題に向き合い，支援者と共同作業を続けていくのは大変つらい作業です。さまざまなことに向き合うための希望やエネルギーが少ないひきこもり者は，このハードルをなかなか超えることができません。

　サポート・グループを利用するのは，患者やクライエントとして,医療モデルにおける「支援される者」の位置に行くことが難しい人たちが多かったです。対等な関係性を求めて，頑張って SHG を訪れたけれども，そこにも入れなかった人たちを主な対象としました。彼ら

から辛うじて出てくるのは「このままじゃまずい」「何とかしなきゃと思った」という言葉で，グループに来るのが精一杯の人たちです。

そこで，幾分か場になじめた頃に「板東さんはなんでこのグループを始めようと思ったのですか」という問いかけが出てくることがあります。心理臨床家としては，個人的動機を尋ねられて心がざわつき，どう応じようか悩む場面です。私は次のような応答をすることが多かったです。

「私も若い頃は対人関係に悩むこともあって……。人と話すのって難しいですもんね。そこで，対人関係が苦手な人たちのSHGを調べて，いくつか見学に行ったんです。そしたら，SHGに参加したいけどもなかなか難しい人たちがいて，そのような人たちも居やすい場所を作りたいと思って，このグループを始めました」。

ひきこもり者にとって，「板東さんはなんでこのグループを始めようと思ったのですか」という言葉は，他者と関わろうとする精一杯の問いかけです。個人カウンセリング場面では，「先生はなぜカウンセラーになろうと思ったのですか」という問いかけがありますね。

心理臨床家のトレーニング期間を通じて私たちが学ぶ対応は，「あなたはなぜそれが気になるのですか」と問いかけ直すことです。心理臨床家は徒に自己開示をするのではなく，「それが気になるクライエント自身」に焦点を戻し，常にクライエントの体験を取り扱うようにします。「傾聴に徹する」という姿勢からすれば，この応答が正解になるでしょう。

しかし，上記のひきこもり者の問いかけには，ごく当たり前の，一人の人として応答するのが良いのではないでしょうか。ひきこもり者にとっては他者・社会との関わりが重要課題なので，支援者はその投げかけに応じる対象として存在するのが良いだろう，と私は考えます。この点は，支援のねらいや方法論によって見解が分かれるところでしょう。

（3）コミュニティにおける専門家の葛藤

　傾聴に徹する支援技法を学んだ心理臨床家が，友人や知り合いから「最近，夫との関係がうまくいかなくて……」と涙ながらに相談をもちかけられたら，どのように対応しますか。自らの当事者性が巻き込まれないようにするためには，「どこか他の相談機関を紹介する」という対応が正解かもしれません。しかし，悩んでいる隣人がいるときに，話を聞かずに相談機関を紹介して終わりというのもドライすぎる印象があります。そう考えると，自分は継続的なカウンセリングを担当できないけれども一旦話を伺う，という対応が良いかもしれません。この場合，専門的視点をもって知り合いの話を聴きますが，関わりとしてはソーシャル・サポートに近いでしょう。すなわち，普段からお喋りをしている関係性の中で，情緒的あるいは道具的サポートを提供します。これは，コミュニティ・モデルに近い支援です。

　類似した状況で，「地域の集まりでは自分がカウンセラーであることは一切公言しない」と言う臨床家がいます。そういう態度を固持する理由は，カウンセラーであることを伝えた後で「ちょっと相談があるのですが」と相談を持ち込まれる展開を恐れるからです。このような，面接室の外で生活者として隣人を支援する方法を私たちは十分に学んでいません。すなわち当事者性の取り扱い方が分からないので，対応に困ってしまうのです。ちなみに私は，話の流れで仕事を伝えるのが自然な場面になれば，カウンセラーであることを伝えることにそう躊躇しません。個人的な印象では，ベテランのカウンセラーほど躊躇しなくなるような気がします。

　第 5 章でも紹介した例ですが，ある先輩カウンセラーは，「私の面接（個人カウンセリング）は 9 割が雑談」と言っていました。誇張を含んだ言い方でしょうけど，その先輩が 9 割雑談をしている姿を私は想像できます。しかし，それは単なる雑談ではないのです。はた目には雑談に見えるお喋りでしょうけれど，そのやり取り一つ一つにどのような意味があるのか。言語的には雑談であっても，それを通じてど

のような非言語コミュニケーションが展開されているのか。そこを入念に意識化しながらの雑談なのです。「雑談」と言うからには，聴くに徹するというよりも，自分の個人的見解や体験なども話す機会があるのでしょう。恐らく，私がサポート・グループでメンバーたちと共に自己紹介したり対話したりするのと同様の雰囲気があるのでしょう。そしてこの先輩は，教育関連の自治体職員や教員たちとネットワークを組み，地域の支援体制を構築する仕事をされました。個人カウンセリング場面においても，コミュニティ・モデルに近い位置に立ち，「共に生きる仲間」として存在しながら専門的支援を展開していることが想像されます。

　これらの話と，私自身のひきこもり支援の経験を併せて検討していくと，「専門家として関わる」と「生活人として関わる」が混在した領域があるような気がしてきます。この領域についてはほとんど検討がなされていないように思うので，次節でさらに考えてみます。

3．C領域の支援

　図 10-2 と図 10-3 を用いて，専門家の当事者性が刺激されて葛藤が顕現する領域について整理を試みます。

　まず，図 10-2-1 において，[面接室] と [日常生活場面] を分けて捉えます。心理臨床家は，[面接室] において，職業人としてクライエントと出会うことになります。

　心理臨床家は，[面接室] の領域の構造化を図り，伝統的な臨床心理学がもっとも有効に機能するための工夫を施します（図 10-2-2）。ここでは匿名性が重視され，心理臨床家はクライエントが持ち込む課題に応じる者として存在します。一方，[日常生活場面] では，心理臨床家は一生活人として存在します。友人と遊んだり，人生に悩んだり，家庭で気を抜いたりしています。公人と私人の違いです。これは臨床心理学による支援の理念型です。

　しかし，現実の臨床場面では，この 2 領域はきれいに分割されていま

せん。そのことを示したのが図 10-2-3 です。［面接室］で心理臨床家が職業人としてクライエントと関わっていても，「私も実は○○なんですよ」と個人的体験を伝えたくなる気持ちがふと生じたり，心理臨床家自身が抱えている何らかの問題が強く反応したりすることがあります。専門家はマシーンではないので，生活人としての私的な体験や感情が，カウンセリングの場にも混ざってきてしまうのです。図 10-2-3 では，［面接室］の場に，生活人としての自分が幾分か侵入してくる様を灰色で示しました。逆転移や自己一致の理論は，この灰色の領域への専門的対応技法です。

　次に図 10-3-1 では，図 10-2-3 とは逆に，［日常生活場面］において心理

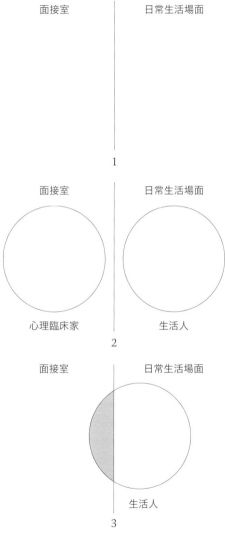

図 10-2　面接室と日常生活場面　その 1

臨床家の一部分が侵入してくる様子を示しました。これはもう一つの現実です。図 10-3-1 の灰色の部分は，日常生活場面で「飲み会の席な

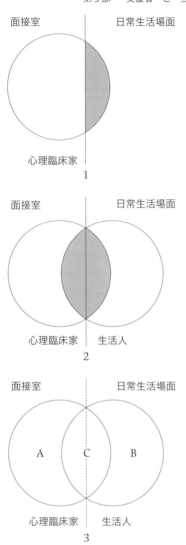

図 10-3　面接室と日常生活場面　その 2

どでカウンセラーと伝えると相談をもちかけられて面倒になるので嫌」「知り合いから心の悩みを相談されたとき，どう応じて良いか分からない」と感じる様を表しています。警官や医師などがそうであるように，心理臨床家も業務以外で職業上の役割を果たすべき場面があるでしょう。たとえば，身近に希死念慮の強い人がいたとき，見ぬふりをするのは職業倫理に欠ける振る舞いです。直接的にあるいは間接的に，生活人としてあるときも何らかの支援を検討するべきでしょう。心理臨床家であることを公言するかどうかは本人の自由ですが，周囲の人たちがそれを知っている場合，彼らは心理臨床家に期待の眼差しを向けることがあるでしょう。「専門家だから，何か手立てを知っているのではないか。助けてくれるのではないか」という期待であり，それに応じようとするとき，

[日常生活場面] での葛藤が生じます。図 10-3-1 の灰色の部分で私たちが葛藤を抱えるのは，日常生活場面において心理臨床技術を有効に

活用する方法が確立されていないからです。

　さて，図 10-2-3 と図 10-3-1 の 2 つの円を重ねて描いたのが図 10-3-2 です。この灰色の部分は公人と私人が混ざってくる領域で，取り扱いづらい，面倒くさい，あるいは「ないことにしたい」部分です。当初，フロイトも逆転移は生じないようにしたかったのですね。でも，それを完全に消去することはできないということが徐々に分かってきました。それは，仕事中であっても，私たちは生活人としての自分を完全に消去できないからです。そして，心理臨床家なのか生活人なのかという基本的なポジションの違いは大きいでしょうけれど，図 10-3-2 の灰色の部分で示される左右の領域は類似した葛藤を表していると思われます。[面接室]では生活人としての自分をないことにしたい，[日常生活場面]では心理臨床家であることを伏せたいわけですが，これらが現実であるなら，思い切って両者を受容してみてはどうでしょうか。

　本節は，図 10-2-1 で[面接室]と[日常生活場面]を二分することから話を始めました。しかし現実には，これらの中間のような場での対象者との出会い方があります。たとえば，結婚をして新しく親類になった人から「うちの子が最近学校に行かなくなってしまって……。こういうときどうしたらいいのでしょう？」と相談された場合はどう対応しますか。あるいは，所属している組織の 2 階級くらい上の上司から同様の相談をされた場合はどうでしょう。相手との関係性によっては，「無下に断ることも難しい。継続的なカウンセリングを行うことは倫理上も不可だけど，少し話を聴いて適切な対応を図ることはすべきではないか」と考えることもあるのではないでしょうか。

　緊急性が高い場合もあるでしょう。「医療相談機関を紹介する」だけでは不十分／不適切な場面もあります。「転移・逆転移が生じない程度に話の一端を聴いて受け止め，医療相談機関を紹介する」という対応がベターかもしれません。

　ここで思い切って，図 10-3-2 の灰色の部分を一つにして，独立し

た領域を設定してみます。これを表したのが図10-3-3で、「C」と記した領域です。左側の「A領域」は、［面接室］において機能する心理臨床家の領域です。右側の「B領域」は、［日常生活場面］において心理臨床家である自分を（対外的にも対内的にも）隠して、私人として存在する領域です。純粋に友人として手を差し伸べれば、ソーシャル・サポートになるでしょう。以上の理念系に対して、心理臨床家と生活人が混在する現実を「C領域」としました。

C領域は、本章で記述してきた意味での当事者性の葛藤が生じるところです。私が実践したサポート・グループや代表者会議での支援は、C領域として捉えると理解しやすくなるのかもしれません。サポート・グループはC領域内のA領域側、代表者会議はC領域内のB領域側に属するというイメージです。このC領域での心理臨床を、試論としてもう少し考えます。

4. 当事者性を踏まえた心理臨床

田嶌（2009）は、コミュニティ心理学の立場から1990年代に「非密室型カウンセリング」を提示し、先駆的に「面接室を飛び出せ」と主張しました。不登校児へのカウンセリングに関して、当時はむしろ禁忌に近かった家庭訪問の方法論を真剣に模索しました。現在では、必要に応じてアウトリーチを行うことは推奨されるまでになりました。

アウトリーチでは、防音等の物理的条件（構造）を整えた［面接室］から離れ、クライエントの［日常生活場面］に出向きますので、伝統的な臨床心理学の方法論を堅持することが困難になります。そのため禁忌に近かったのですが、従来の臨床心理学の技法を応用することで有効な心理支援を展開できることが分かってきました。医療・教育・福祉等の現場で、訪問カウンセリングを行うという目的が明確な場合は、面接室における技術の応用で家庭訪問を模索できます。

ただし、問題を抱えたクライエントが自ら来談する場合と違い、支援者の方から出向く場合は、対象者が明確な主訴をもっていないこと

が多いです。支援者の目的は明確であっても，訪問される対象者にとっての目的は不明確で，不一致の場合があります。また，面接室が設置されていないために，現場では家族等数名の人たちに関わる機会が増えます。すなわち，臨床心理学的支援の構造が崩れやすいのです。当事者性はここに侵入してきます。

　[面接室]を訪れるクライエントに対応するだけで事足りればC領域の設定は必要ないのですが，不登校・ひきこもりへの対応を一例として，C領域での関わりが可能になれば，臨床心理学が貢献できる場面は格段に広がるでしょう。そして，関係性を扱う専門分野である臨床心理学こそ，C領域での支援を有効に展開できると私は考えます。

　その際，支援者が留意すべき基礎的なこととして下記3点を提示します。

（1）自分に当事者性があることを認める

　まず，自分に当事者性があること，すなわち悩みやもろさを抱えた一生活人であることを認めることです。

　心理学研究で調査をしてデータ解析をするとき，「臨床群」「健常群」という言い方をすることがあります。前者は，たとえばうつ病得点を測って一定の基準以上の人を「臨床群」と規定するものです。後者の「健常群」も，一定の基準を設けて，精神症状を抱えていない人たちを規定します。心理学統計は何らかの傾向を捉えるためのものなので，この場合は臨床群と健常群の2群を設定して比較するなどの分析をします。

　しかし，この概念は集団を捉えるためのものであって，個人に当てはめるべき概念ではありません。「○○さんは臨床群だ」という言い方が甚だ失礼であるという理由もありますが，もう一つの理由は，個人は変化していくものだからです。調査研究では，ある時点の状態を切り取って得点化するので，そのような分類が可能です。しかし，現実の個人は変化していきます。

　第9章で述べた代表者会議を始めた当初，SHG代表者たちに対して仮に質問紙調査をしたら，彼らの得点は「臨床群」に分類される水準にあったでしょうか。参加者の中には精神科を受診する人もいましたので，そうだったかもしれません。しかし，長い間関わるにつれて，彼らの健康度は上がっていきました。資格を取り，対人援助職の専門家になった人もいます。数年後に同様の質問紙調査を取ると，「健常群」に分類されるかもしれません。

　[面接室]では，心理臨床家は何らかの問題を抱えた対象者と関わります。そして，対象者が元気になっていき，問題を解決・解消できると支援は終了となります。心理臨床家は，一般にそのような契約のもとで仕事をする専門職です。生活人としてではなく，その契約に基づいた役割を担う専門家として存在します。C領域においても，専門職としての役割を明確にするほど，この立場に近づきます。第2部で提示したサポート・グループの実践はこの立場です。

　しかしC領域では，専門家ポジションを堅持し続けることに幾分かの違和感が伴います。それは，私の理解では，生活人としての当事者性が表に現れてくるからです。生活の場に近づいて対象者と関わる際には，「共に生きる」というコミュニティ心理学の基本理念からスタートする方が，この違和感への対処は容易になるでしょう。

　[面接室]と比べると，C領域の支援は「いつ関係を終わらせれば良いか」をつかみづらいです。それはC領域における支援の目的の設定によりますが，「専門家としての役割を果たしたら関係を終える」という点について改めて検討することに意味があるでしょう。コミュニティ心理学の原点である「共に生きる」ことに明確な終わりはないからです。

　支援者といえども，人生の疲弊した時期に質問紙調査を受けると「臨床群」の得点がスコアされるかもしれません。私たちは，長い人生の中で，元気になったり悩みを抱えたりしながら生活を続けます。その前提から始めると，伝統的な臨床心理学とは別の専門家の関わり方，

社会における別の専門家の役割が見えてくるのではないでしょうか。

（2）自分と相手の「揺さぶられ」を測る

　心理臨床家が［面接室］の外で対象者と関わることに臆病なのは，自分と対象者の安全性が保てなくなり，ひいては効果的な支援を提供できなくなると考えるからです。確かに，心の深層を吐露してもらってじっくり対処するには，面接室における二者関係の構造が必要です。その構造がなければ治癒しない・支えられない精神疾患があることを私も知っています。

　しかし，対象者への直接的応答のみならず，専門家や当事者などさまざまな人たちとの協働を通じた間接的応答も有効な支援です。心理教育やコンサルテーションを通じて臨床心理学の知識を伝えることも有効ですし，グループ・アプローチの技術は相互支援を促進する集団作りに貢献できます。

　面接室と比べて，コミュニティは構造が弱いか，あるいは存在しません。従って，支援者が把握するべき重要点の一つは「距離感」です。対象者との関係性が近づきすぎていないだろうか，逆に遠すぎないだろうか，ということです。コミュニティでは接触頻度が上がることがありますし，生活人という立場は存在が身近に感じられるため，距離感のリスクを抱えることが多いのです。

　ただし，心理臨床家は関係性の専門家です。面接室において，心理臨床家は対象者との心理的距離感を常に測り，それをもとに対象者のニーズに応えようとします。すなわち，対象者との関係性を捉える専門性が，C 領域における安全性を保つためにも存分に発揮されるだろう，というのが私の主張です。

　「フォーカシング」という技法があります。1970 年代にジェンドリンが体系化した技法で，自身の身体の感覚に意識を向け，その反応を捉えようとします。フォーカシングのトレーニングを積むと，たとえば腕に力が入っている，頭が重たい，お腹がよじれるような感じがす

るなどの感覚を捉えることができます。ジェンドリンは，カウンセリングの効果が高いクライエントほど自身の身体の反応をよく捉えていることを発見し，それを高める技法を開発したのです。

これを受けて，吉良（2010）は「セラピスト・フォーカシング」の技法を提唱しました。ジェンドリンは，クライエントが自身の身体に意識を向ける技法を開発しましたが，吉良は同様の作業をセラピストが行うことの有効性を提示しました。面接室においてセラピストはクライエントと共にあり，クライエントとの関係性から生じる刺激がセラピストの内にも体験されるため，セラピストの自己理解はクライエント理解に通じるのです。

また，「天井にもう一つの自分の目を置く」のも臨床心理学に必須の技術です。自分の意識の基点を外部に飛ばして，部屋の天井から「相手」「私」「相互の関係性」を冷静に捉える視点を得るようにします。

このような臨床心理学の技術は，自分と相手の「揺さぶられ」を捉えることを助けてくれます。

私は，試論としてC領域の心理臨床の可能性を提示したいのですが，①有効性の検証，②安全性の担保等の課題がまだ残っています。心理臨床家に臆病さを抱かせる②に対しては，上述の技法で明示されているように，自分と相手の安全性を測る技術を私たちはもっています。だからこそリスクに敏感なのですが，C領域の支援の有効性が確かめられていくと，この「揺さぶられ」への敏感さを武器としてコミュニティに出る方法の模索を進めることができるのではないでしょうか。

（3）自分と相手を守る構造について考える

心理臨床場面では，支援者と対象者の安全性を担保するために，丁寧に構造を構築します。構造は，時間・場所・方法などの要素からなり，その蓄積によって［面接室］での心理臨床技法は体系化されました。その古典的なモデルは精神分析にあり，この枠組みについての理論は「治療構造論」と呼ばれます。

　他方，教育や福祉あるいは緊急支援の現場などで，この構造から離れて柔軟に支援を展開する実践が多く見られます。これらの実践を治療構造論から検討した磯邉（2004）は，「もっとも大切な援助構造は援助者の内部にこそ存在するのだということを実感する」と述べています。これは，心理臨床家として検討を重ねるに値する視点だと私は思います。

　心理臨床家は総じて，「非安全神話」とでも呼べるような感覚を抱いているのかもしれません。「面接室の外は危険に満ち溢れている」という感覚です。それは，正しいと思います。コミュニティは守りが弱く，かつ関係性が複雑なために，傷つけ，傷つけられる可能性が増します。また，対人援助職の職業倫理として，多重関係の問題があります。支援の関係性には権力構造が含まれているので，その目的及び契約に沿った関係性以外の関わりに権力が作用し，ひいては対象者の不利益（や搾取）につながるリスクがある，と考えられます。しかし，心理臨床家の社会での活動が増えると，多重関係を完全に避けることが困難になるのもまた事実です。

　本書第 3 章で C 氏へのインタビューを実施しました。悟りを開いたような世界観と穏やかさをもつ C 氏に対して，私は何度も「C 氏には敵わない」と感じました。「敵わない」という言葉遣いがそもそも上下思考なのですが，実はその頃の私は，大学教員を目指して公募を受けるものの不採択がずっと続く，という渦中にいました。私はその度に落ち込み，不安に駆られたのです。そのような世俗的な欲求に翻弄される中での，「C 氏には敵わない」という感覚でした。

　このインタビューでは，そのような私の話も C 氏にしました。また，C 氏の壮絶な話を聴きながら，私自身も過去に体験した「底つき体験」を思い出し，C 氏と共有しました。インタビューの中立性や，支援者－対象者の関係性などを意識しながら，「果たして，私の人生と C 氏の人生は一体どこが違うのだろう……？」という想いが生じました。

　それと同時に，対象者の苦難に巻き込まれないよう，常に［面接室］

という安全地帯に留まり続ける自分に，それこそ言葉にならない，モヤモヤした，ザワザワした気持ちが生じました。そして，社会的には大学教員というさらに安全な場所を目指し，それが叶わないと言って一喜一憂しているのです。「安全地帯なんて糞くらえ！」と，自分に対する怒りのような感情が出てきました。「対象者と支援者の安全性を確保する」と言いながら，実は自分が安全地帯に退避することばかりを考えているのではないか，という疑念が生じたのです。

　安全に関して，代表者会議での安全性は「枠組みの形成と協働の感覚」によりなされる，と私は捉えました（第9章図9-1）。SHG代表者らの援助者性を強みと捉え，それと手を結ぶことで安全性の高まりに寄与できると考えたのです。

　［面接室］では，時間・場所・方法を定めているから安全なのではなく，磯邉（2004）も言うように，臨床心理学の理論に裏打ちされた視点と技術を有した専門家がいるから安全なのではないでしょうか。そうであれば，その技術は［面接室］内に限られるのではなく，その外でも応用可能なはずです。

　これらの議論は，コミュニティにおいて互いの安全性を確保した関わりをどのように築けるのか，という大きなテーマにつながっているでしょう。一言で言うなら，「共に生きる仲間として存在しながら，専門性を生かす」あり方です。臨床心理学をその土台とするC領域の支援について，今後も検討を重ねていきたいと思います。

補　　遺

　最後に，本書で紹介したサポート・グループに関する研究を2つ提示します。関心のある方は各論文をご参照ください。

1．板東充彦（2005b）「非精神病性ひきこもり者に対するグループ・アプローチの展望―整理と位置づけの試み」九州大学心理学研究，6; 107-118.

　集団を対象とした心理支援である「グループ・アプローチ」の技法にはさまざまな形態があります。特に，ひきこもり支援の分野には，家から出て集団生活をしながら社会への接続を目指す「宿泊型施設」による支援や，「居場所活動」などの特徴的な方法があります。本節で紹介する板東（2005b）では，文献レビューを通してひきこもり者へのグループ・アプローチの整理を試み，下記の7つに分類しました。

①　集団精神療法…主に医療機関において精神科医や心理専門職が行う治療グループ。標準的には数名～10名程度のメンバーに対して行われ，一定の期間に，あらかじめ定められた時間・場所に集まって行われる
②　デイケア…レクリエーションなどの活動プログラムや集団精神療法などの言語プログラムを準備し，仲間との交流を主な治療的要因として実践される精神科外来医療の一つ
③　居場所活動…特定の目的を持たずに集まる「たまり場」と，居場所であること自体を主な目的とする「（狭義の）居場所」を合わせたもののうち，第三者が提供するもの
④　SHG（セルフヘルプ・グループ）…特定の悩みを抱えた当事者たちが自主的に集まり，共通の「体験的知識」を援助機序とする相互支援グループ。専門家は，間接的に関与することはあっても，グループには参加しない
⑤　入院治療…寝食する場を精神科病棟に移し，一定期間集団生活を行

　う。これを大規模なグループ・アプローチとして位置づける

⑥　宿泊型施設…寝食する場を家庭以外の場に移して集団生活を行うことを通じて社会性の回復を図る。主に非専門家によって運営される

⑦　サポート・グループ…治療グループと SHG の中間的形態とされ，専門家や当事者以外の人によって運営されるが，対象となるメンバーの自主性が重視される。自分の問題と折り合いをつけて生きていくことが目指される

　この分類を受けて，横軸に援助者「専門家－非専門家」，枠組み「医療－地域精神保健」，縦軸に援助の構造「包括的－硬い－柔らかい－自由」という視点を設けて整理したのが図 11-1 です。どの形態が良い－悪いということではなく，それぞれの支援のねらいがあり，適した対象者の層があります。この中でもっとも守りの硬い支援は，専門家による集中的な医療である「入院治療」でしょう。ただし，一群のひきこもり者にとってはもっとも拒否感が強い形態です。逆に，ひきこもり者にとって比較的敷居が低いグループは「SHG」と「居場所活動」でしょう。居場所活動の方が専門家による守りがありますが，自由な空間を提供するため，そこに適応するためには一定のコミュニケーション能力が必要かもしれません。

　そこで，本書で紹介したサポート・グループは，専門家が運営することで SHG よりも安全性を高め，円座になって実施することで柔らかい程度に構

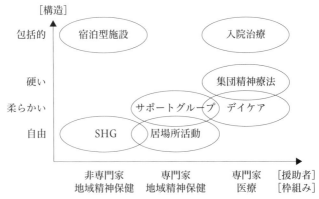

図 11-1　ひきこもり者に対するグループ・アプローチの位置づけ

造化を図ったグループ・アプローチとして位置づけられました。専門的支援の［枠組み］としては，医療（治療グループ）ではなく，地域において生活を支える支援の一形態と捉えられます。

　方法の選択によって支援の「目的」も変わりますし，ひきこもり者との関わり方も変わります。本書で提示したサポートグループによる支援は，精神科治療を目的としたものではなく，構造化を高めて専門家のコントロールを強める方法とも違うことを踏まえていただければと思います。

2．板東充彦・尹成秀・大河内範子・宮腰辰男・高松里（2020）「心理臨床家が行うサポート・グループの特徴と運営者の機能」跡見学園女子大学心理教育相談室紀要，17; 31-47.

　高松（2009, 2021）が言うように，サポート・グループは個人的動機をもとに実践されることが多く，支援に当事者性が関与することを特徴の一つとして指摘できます。治療グループや SHG と比べて，サポート・グループによる支援に関する研究は未だ途上にあります。

　そこで，本節で紹介する板東ら（2020）では，様々なサポート・グループの運営者らが集って体験を共有することを通じて，心理臨床家によるサポート・グループの特徴と運営者の機能の整理を試みました。検討の結果，下記のように整理されました。

【心理臨床家のサポート・グループ運営者の機能】
（1）場の構築
　　①　適切な構造を検討する
　　②　目的の意識化
　　③　閉鎖に責任をもつ
　　④　スタッフ・メンバーの同質性／異質性の検討
　　⑤　外部との関わりを調整する
　　⑥　社会への発信

　支援がもっとも有効かつ安全に展開されるための場を構築するには，専門

的視点が必要です。支援の目的を明確に定めて共有すること，時間的展望を
もってグループの閉鎖も視野に入れること，グループの内部のみならず外部
との関係性を捉えることなどが，サポート・グループ運営者が果たすべき機
能として確認されました。

　サポート・グループに特徴的なのは④です。治療グループであれば，リー
ダーとメンバーは異質な存在であることが前提なので，④の視点が明確な形
で検討されることは少ないでしょう。しかし，サポート・グループではリー
ダーとメンバーが同質性を抱えていることが前提になっている場合も多く，
複数のスタッフ間及びリーダーとメンバーの間の同質性及び異質性の程度
が，心理的反応と集団力動を引き起こします。その点に着目して場を構築
（スタッフやメンバーの選定等）することの必要性が確認されました。

　また，対メンバーのみならず，対社会に対して，グループで共有される知
見を発信することもサポート・グループ運営者の機能として確認されまし
た。これは SHG と同様の機能と言えますが，心理臨床家がサポート・グル
ープ運営者である場合，専門家として社会と橋渡しをして社会変革の一翼を
担うことができます。

（2）ファシリテーション
　①　情緒的体験の尊重
　②　「待つ」姿勢
　③　価値観の相対化
　④　グループ間移行の保証
　⑤　自己開示の判断
　⑥　逡巡をもちこたえる
　⑦　心理臨床の方法論に基盤を置く

　対メンバーに対するファシリテーション機能です。「①情緒的体験の尊重」
は心理臨床家としての基本姿勢ですが，「⑦心理臨床の方法論に基盤を置く」
は，抱えている問題の同質性が支援に有効な側面があるけれども，心理臨床
の方法論を関わりの基盤にもつという点を確認するものです。

　サポート・グループが対象とする問題群は短期間に解決されえないものが多く，場合によっては生涯つきあっていく性質のものです。本研究で検討されたサポート・グループは，ひきこもり・膠原病・LGBT・在日外国人を対象とするものでした。そこでは，運営者が焦らずに「待つ」姿勢の重要性が指摘されました。

　また，社会的偏見が対象者たちを苦しめている側面も大きいです。従って，運営者自身に根づいている価値観を十分に認識し，相対化する必要性があります。これは，逆転移等の対処として心理臨床家が有している技術で対応できるものです。

　さらに，当事者性を抱えている運営者は，「体験を共有する者」と「心理臨床の専門家」という２つの役割をもっていて，その間で揺れ動きます。当事者性を回避するのではなく，受け止め，かつそこから生じる影響を測りながら焦らずに対応を続ける姿勢が求められます。

　「④グループ間移行の保証」は，コミュニティ支援の視点です。すなわち，グループ内で支援が完結するイメージではなく，グループ外資源も適切に視野に収め，多角的・総合的な視点をもって支援を考える必要性の指摘です。以上を踏まえて，サポート・グループの特徴は次のように整理されました。

【心理臨床家が行うサポート・グループの特徴】
　①　専門職ボランティアとして運営される
　②　孤独の解消
　③　お祭り的非日常空間
　④　自分の経験が他者のために役立つ場
　⑤　サポート・グループ運営者にも結果的に恩恵がある

　所属組織・団体から謝金を得ながら実施するサポート・グループもありますが，当事者性をもったリーダーが設立・運営する場合，運営者は「専門職ボランティア」として役割を果たします。その点において，実践や研究を通した社会貢献の感覚等，謝金とは異なる形での対価の存在が想像されます。

このことは、「⑤サポート・グループ運営者にも結果的に恩恵がある」として明示されました。自分自身の体験も踏まえながら、問題に対する理解が深まります。この研究の議論では、「カウンセラーの利益のためにこの場を利用してはならない」という職業倫理についても検討されました。しかし、個人カウンセリングにおいても、支援者がクライエントとの関わりから何らかの恩恵（たとえば生きがいや自己理解）を得ていることは否定できません。ただ、サポート・グループではこの点がさらに前面に出るので、ここから生じるリスクと共に今後も検討が必要でしょう。

「④自分の経験が他者のために役立つ場」は、同質性の高い集団における相互作用を示しています。たとえば、リーダーの自己理解はメンバーの理解を促進します。SHG の援助機序もここにあることが分かります。社会的排除を経験しがちなメンバーたちが「②孤独の解消」を得られることも SHG の機能と重なります。さらに、「③お祭り的非日常空間」であることが指摘されました。すなわち、一般社会の通俗的な価値観から離れ、独自の価値と感性が構築される空間であることの重要性を示しています。

以上のように、サポート・グループは治療グループとも SHG とも違う、独自の機能を備えていると考えられます。当事者性をもったグループ・リーダーは、臨床心理学の専門性を生かしつつ場の安全性を担保し、当事者と社会との橋渡しの役目を果たします。第 10 章図 10-1 で示したコミュニティ・モデルを参照するなら、サポート・グループは B 〜 D くらいの幅をもっているかもしれません。その分、専門家としてのグループ・リーダーの振る舞いは難しくなりますが、他者との関係性や場の安全性を捉えて介入する専門的技術は、サポート・グループによる支援の有効性を高めてくれるでしょう。

おわりに

本書は，私にとって初の単著です。本来であれば，2009年に博士論文を提出した後，すぐにでも書籍化するべきところ，干支が1周する時間が経過してしまいました。それでも，長い時間携わってきたひきこもり支援の実践をまとめることができて嬉しく思います。

「おわりに」を書こうとしている本日は，2021年の大晦日です。書いてみたいことはたくさんあるのですが，すでに多くのことを文字にしました。あとは，夕食の時間までに思い浮かぶことを文字にするに留めて，本書を閉じたいと思います。

本書は，現場の支援者に役立つことを目指して書かれました。しかし，今思い浮かぶのは，ひきこもり当事者の方たちと，私の家族です。ほとんどの人がそう願うのと同様に，私も，多くの人が幸せに生活できる世の中になることを願っています。

紆余曲折を経て，私が頼りにしたのは臨床心理学です。臨床心理学は，自分の健康と幸せを助けてくれますし，周囲の人々の健康と幸せも促進してくれます。臨床心理学は万能ではなく限界もありますが，その限界に対しては，さまざまな特徴や専門性をもった人たちと「共に生きる」ことを進めていけば良いと楽観的に捉えています。

私がもっとも最近読んだ本で今手元にあるのは，スティーブン・ホーキング著『ビッグ・クエスチョン―〈人類の難問〉に答えよう』です。宇宙物理学の第一人者であり，筋委縮性側索硬化症（ALS）患者でもあるホーキング博士は，「私たちの一度きりの人生は，宇宙の大いなるデザインを味わうためにある。そしてこのことに，私はとても感謝している」(Hawking, 2018/2019, p.54) と言っています。宇宙は数多くの物質からなるシステムで成り立っていて，私たちはその一部としてこのシステムを味わうことができる，というのです。「宇宙

の大いなるデザインを味わう」という壮大なスケールは,「今,ここ」で生まれては消える無数の体験と共にあります。宇宙の始まりから果てまでを探求した科学者の含蓄のある言葉だと思います。

　以上は,まさに今,私の体験として上ってきている感覚の一つです。すぐ後には,また違う感覚に変わることでしょう。

　このようなことを書いてみたところで,人生にはどうにもならない苦しい時間と体験があることも分かっているつもりです。「ひきこもり」の問題は難しく,魔法のような支援策があるわけではありません。しかし,時間の進行と共に状況は必ず変化します。楽しさも苦しさも宇宙のデザインであるなら,私たち人間としては,やはり楽しい方が良いでしょう。本書が,その楽しさが世界に少しでも増えるためのささやかな一助になれば,著者としては本望です。

　本書の執筆を進められたのは,数えきれない人々のおかげです。「今までに出会った全ての人」に御礼を伝えたいところですが,出会っていなければ本書は完成しなかったと思われる人についてのみ,ここに記させていただきます。

　まず,カウンセリングやサポート・グループ,そして地域で出会ったひきこもり当事者の方たちです。私が十分にお役に立てなかったこともありました。反省の気持ちと共に,皆さんとの関わりから学んだ知見が本書を通して社会に届くことを願っています。

　そして,臨床心理学の基礎から応用まで丁寧にご指導くださった吉良安之先生,野島一彦先生,田嶌誠一先生,有村達之先生。サポート・グループの実践を全面的に支えてくださった梅津和子先生,高松里先生。楽しさよりも苦しさの方が多かった大学生時代から現在に至るまで,「人生の師」として厳しくも温かいご指導とご支援をくださる坪井善明先生。お世話になった全ての先生方のお名前を記すことはできませんが,現在の私があるのは数多くの先生方のおかげです。心より感謝申し上げます。

　本書を構成する各章の研究に力を貸してくださった共同研究者の皆

さんに感謝いたします。高松里先生と白水信先生は完成原稿を読んで貴重なコメントをくださいました。ありがとうございました。

　さらに，本書の趣旨に賛同してくださり，「面白いです」「よく分かります」と絶えずエンパワメントをくださった遠見書房の駒形大介さんに深謝いたします。

　最後に，いつも元気をくれ，日常を支えてくれる妻・長男・長女に心より感謝します。

　皆さん，ありがとう。

板東充彦

引用文献一覧

Alcoholics Anonymous World Services Inc. (1979) *Alcoholics Anonymous.* Alcoholics Anonymous World Service Inc.（アルコーホーリクス・アノニマス・ワールド　サービス社　AA日本出版局訳編（2001）アルコーホーリクス・アノニマス．AA日本ゼネラルサービスオフィス．）

新井克弥（2000）バックパッカーズ・タウン　カオサン探検．双葉社．

淡野登志（2004）「"ひきこもる"アイデンティティの獲得」とその支援．心理臨床学研究，22(5); 531-541.

板東充彦（2005a）セルフヘルプ・グループへの所属過程—対人恐怖心性の高い者が多いグループにおける調査．人間性心理学研究，23(1); 39-50.

板東充彦（2005b）非精神病性ひきこもり者に対するグループ・アプローチの展望—整理と位置づけの試み．九州大学心理学研究，6; 107-118.

板東充彦，髙橋紀子（2019）ひきこもり者の生活世界に関する一試論—被災体験と「非日常」をめぐる考察．跡見学園女子大学心理学部紀要，1; 73-83.

板東充彦，高松里（2021）"普通"へのとらわれから自由になったひきこもり者の一事例—三者往復インタビュー法による調査．跡見学園女子大学心理教育相談室紀要，17; 31-47.

板東充彦，尹成秀，大河内範子，宮腰辰男，高松里（2020）心理臨床家が行うサポート・グループの特徴と運営者の機能．跡見学園女子大学心理教育相談所紀要，16; 31-47.

Durkheim, E. (1912) *Les Formes elementaires de la Vie religieuse: Le Systeme totemique en Australie.*（古野清人訳（1975）宗教生活の原初形態（上）．岩波書店．）

ハギワラマサヒト（2011）ニコニコニュース　オリジナル『『逃げろ』と叫ぶ母，応じず津波に飲まれた息子　ひきこもりたちの大震災』．https://news. nicovideo. jp/watch/nw131402（2018年12月7日取得）．

Hawking, S.(2018)Brief answers to the big questions.（青木薫訳．ビッグ・クエスチョン—〈人類の難問〉に答えよう．NHK出版）

林尚美（2003）ひきこもりなんて，したくなかった．草思社．

樺田里香（2017）アルコール依存症者のリカバリーを支援するソーシャルワーク理論生成研究—一般医療機関での実践を目指して．みらい．

東豊（2019）新版 セラピストの技法—システムズアプローチをマスターする．日本評論社．

池上正樹（2011a）DIAMOMD online「被災地の引きこもりが部屋，家を出るケースが多数！　震災を機に家族団欒が復活した理由」．https://diamond. jp/articles/-/12514.（2018年12月7日取得）．

池上正樹（2011b）DIAMOMD online「震災を機に『悪化した人』，『社会復帰できた人』引きこもりの命運を分けた家族の言葉と行動」．https://diamond. jp/articles/-/14309（2018年12月7日取得）．

池上正樹(2013)DIAMOMD online「15年以上引きこもっていた被災地の30代男性を『外に出よう』と思わせた"ある仕掛け"とは」．https://diamond. jp/articles/-/36361（2018年12月7日取得）．

今井宇三郎訳注（1975）菜根譚．岩波書店．

石川良子（2007）ひきこもりの〈ゴール〉―「就労」でもなく「対人関係」でもなく．青弓社．

磯邉聡（2004）「治療構造論」と学校臨床．千葉大学教育学部研究紀要，52; 141-147.

伊藤康貴（2015）「生き方」をめぐる若者の規範的なアイデンティティ―「ひきこもり」における社会適応の語り．KG 社会学批評，4; 41-56.

岩間文雄（1998）セルフヘルプグループへの支援―専門職が担うことのできる役割とは何か．ソーシャルワーク研究，23(4); 13-18.

岩崎徹也編（1990）治療構造論．岩崎学術出版社．

James, W. (1901-1902) *The Varieties of Religious Experience: A study in human nature*. Longmans, Green and Co. (桝田啓三郎訳（1969）宗教的経験の諸相（上）．岩波書店．)

蔭山正子（2002）セルフ・ヘルプ・グループへの専門職の関わり．保健の科学，44(7); 519-524.

要友紀子（2020）セックスワーカー運動といくつもの壁―私たちの経験を示す言葉を探求する．社会学評論，71(2); 233-246.

川北稔（2014）ひきこもり経験者による空間の獲得―支援活動における空間の複数性・対比性の活用．社会学評論，65(3); 426-442.

貴戸理恵（2004）不登校は終わらない―「選択」の物語から〈当事者〉の語りへ．新曜社．

吉良安之（2010）セラピスト・フォーカシング―臨床体験を吟味し心理療法に活かす．岩崎学術出版社．

岸本寛史（2008）コラボレーションという物語．臨床心理学，8(2); 173-178.

小瀬古伸幸（2019）精神疾患をもつ人を，病院ではない所で支援するときにまず読む本―"横綱級"困難ケースにしないための技と型．医学書院．

草野智洋（2010）民間ひきこもり援助機関の利用による社会的ひきこもり状態からの回復プロセス．カウンセリング研究，43(3); 226-235.

McDaniel, S. H., Hepworth, J. & Doherty, W. J., ed. (1977) *The Shared Experience of Illness*. (小森康永監訳（2003）治療に生きる病いの経験―患者と家族，治療のための11の物語．創元社．)

三島一郎（1998）セルフ・ヘルプ・グループと専門職との関わりについての検討．コミュニティ心理学研究，2(1); 36-43.

宮内洋，今尾真弓編著（2007）あなたは当事者ではない―〈当事者〉をめぐる質的心理学研究．北大路書房．

宮内洋，好井裕明編著（2010）〈当事者〉をめぐる社会学―調査での出会いを通して．北大路書房．

聞風坊（2005）こもって，よし！―ひきこもる僕，自立する私．鉱脈社．

森崎志麻（2012）関係の病としての「ひきこもり」―ひきこもり当事者本の分析を通して．京都大学大学院教育学研究科紀要，58; 275-287.

村岡清子（2003）僕たちは絶望の中にいる．講談社．

中村佑介，さわ雅子（2004）青の塔から―ひきこもり脱却への記録．日本評論社．

岡部茜，青木秀光，深谷弘和，斎藤真緒（2012）ひきこもる若者の語りに見る"普通"への囚われと葛藤．立命館人間科学研究，25; 67-80.

小此木啓吾（2005）「ケータイ・ネット人間」の精神分析．朝日新聞社．

小俣和義（2015）親子面接のすすめ方―子どもと親をつなぐ心理臨床．金剛出版．

Rogers, C, R. (1958) The characteristics of a helping relationship. *The Personnel and Guidance journal*, 37; 6-16. (C. R. ロジャーズ．援助関係の特質．H. カーシェンバウ

ム・V. L. ヘンダーソン編，伊東博・村山正治監訳（2001）ロジャーズ選集（上）．誠信書房．129-151.）

齊藤万比古研究代表（2010）ひきこもりの評価・支援に関するガイドライン．厚生労働科学研究費補助金こころの健康科学研究事業．

斎藤まさ子・本間恵美子・内藤守・田辺生子・佐藤亨・小林理恵（2017）ひきこもる人が社会との再会段階から就労を決断するまでの心理社会的プロセス．新潟青陵学会誌，9(1); 11-20.

斎藤環（1998）社会的ひきこもり―終わらない思春期．PHP 研究所．

斎藤環（2011）中央公論「医療ボランティアとして被災地に入って」．https://chuokoron.jp/society/116427.html（2022 年 4 月 22 日取得）．

斎藤環（2016）承認をめぐる病．筑摩書房．

斎藤環（2020）中高年ひきこもり．幻冬舎．

佐藤隆也（2018）ひきこもり支援の変遷と課題．川崎医療福祉学会誌，28(1); 27-36.

嶋根克己（2001）非日常を生み出す文化装置―日常と非日常の社会学に向けて．嶋根克己，藤村正之編．非日常を生み出す文化装置．北樹出版，pp.16-37.

塩倉裕（2002）引きこもる若者たち．朝日新聞社．

Solnit, R.（2009）*A Paradise Built in Hell*. Fredrick Hill Bonnie Nadell.（高月園子訳（2010）災害ユートピア―なぜそのとき特別な共同体が立ち上がるのか．亜紀書房．）

橋由歩（2003）「ひきこもり」たちの夜が明けるとき―彼らはこうして自ら歩き始めた．PHP 研究所．

田嶌誠一（2009）現実に介入しつつ心に関わる―多面的援助アプローチと臨床の知恵．金剛出版．

高橋和枝・月乃光司・田原和隆・Kacco（2003）ひきこもり―ただいま冬眠中．新潟日報事業社．

高松里編（2009）サポート・グループの実践と展開．金剛出版．

高松里（2021）セルフヘルプ・グループとサポート・グループ実施ガイド―始め方・続け方・終わり方．改訂増補．金剛出版．

竹中哲夫（2014）長期・年長ひきこもりと若者支援地域ネットワーク．かもがわ出版．

田辺裕取材文，ブックマン社編（2000）私がひきこもった理由．ブックマン社．

寺沢英理子編著（2016）訪問カウンセリング―理論と実践．遠見書房．

友成晶子，山内祐一（2015）大震災を機に認知行動療法による治療が促進され「ひきこもり」から回復した社交不安障害症例．心身医学，55(2); 163-170.

内山節（2011）時間についての十二章―哲学における時間の問題．岩波書店．

上野千鶴子（2011）ケアの社会学―当事者主権の福祉社会へ．太田出版．

上山和樹（2006）Freezing Point「異様に自由」．https://technique.hateblo.jp/entry/20060117/p2（2018 年 12 月 7 日取得）．

矢吹康夫（2017）私がアルビノについて調べ考えて書いた本―当事者から始める社会学．生活書院．

山川裕樹（2002）ひきこもり青年のための集団場面の可能性―ある思春期青年期デイケアでの体験から．京都大学大学院教育学研究科附属臨床教育実践研究センター紀要，6; 54-66.

山本和郎（2000）危機介入とコンサルテーション．ミネルヴァ書房．

柳田國男（1993）明治大正史世相篇（新装版）．講談社．

吉田弘道（2013）心理相談と子育て支援に役立つ親面接入門．福村出版．

索　　引

著者略歴

板東充彦（ばんどう みちひこ）

1997 年，北海道大学法学部卒業

2006 年，九州大学大学院人間環境学府人間共生システム専攻心理臨床学コース博士課程
　　単位取得満期退学

2009 年，博士号（心理学）取得

現在，跡見学園女子大学心理学部准教授。公認心理師，臨床心理士。日本臨床心理士会ひ
きこもり専門委員会委員。日本コミュニティ心理学会常任理事。日本人間性心理学会理事。
研究テーマは，ひきこもりのグループ・アプローチ。コミュニティ心理臨床。

ひきこもりと関わる

日常と非日常のあいだの心理支援

2022 年 8 月 1 日　第 1 刷

著　者　板東充彦

発行人　山内俊介

発行所　遠見書房

遠見書房

〒 181-0001　東京都三鷹市井の頭 2-28-16
株式会社　遠見書房
TEL 0422-26-6711　FAX 050-3488-3894
tomi@tomishobo.com　https://tomishobo.com
遠見書房の書店　https://tomishobo.stores.jp/

印刷・製本　モリモト印刷

ISBN978-4-86616-148-8　C3011

遠見書房

ひきこもりの理解と支援
孤立する個人・家族をいかにサポートするか
高塚雄介編
医療機関，民間の支援機関，家族会等で
ひきこもり支援に関わってきた執筆者ら
が，ひきこもりとその支援を考えたもの
である。支援者がぶつかる壁を乗り越え
るための一冊。2,860円，A5並

ひきこもり，自由に生きる
社会的成熟を育む仲間作りと支援
（和歌山大学名誉教授）宮西照夫著
40年にわたってひきこもり回復支援に
従事してきた精神科医が，その社会背景
や病理，タイプを整理し，支援の実際を
豊富な事例とともに語った実用的・実践
的援助論。2,420円，四六並

学校で使えるアセスメント入門
スクールカウンセリング・特別支援に活かす臨床・支援のヒント
（聖学院大学教授）伊藤亜矢子編
ブックレット：子どもの心と学校臨床
（5）児童生徒本人から学級，学校，家族，
地域までさまざまな次元と方法で理解が
できるアセスメントの知見と技術が満載
の1冊。1,760円，A5並

訪問カウンセリング
理論と実践
寺沢英理子編著
不登校やひきこもり，長時間家を離れら
れない人のため，セラピストがクライア
ントの家に赴く訪問カウンセリング。そ
の長年の経験をもとに，理論と実践を詰
め込んだ1冊！　2,640円，四六並

公認心理師の基礎と実践　全23巻
野島一彦・繁桝算男 監修
公認心理師養成カリキュラム23単位の
コンセプトを醸成したテキスト・シリー
ズ。本邦心理学界の最高の研究者・実践
家が執筆。①公認心理師の職責〜㉓関係
行政論 まで心理職に必須の知識が身に
着く。各2,200円〜3,080円，A5並

学生相談カウンセラーと考える
キャンパスの危機管理
──効果的な学内研修のために
編集代表　杉原保史
経験豊富な学生相談カウンセラーたち
が，学生生活のリスク対応や予防策，緊
急支援を解説。教職員・学生向け学内研
修用プレゼンデータ付。3,080円，A5並

学校では教えない
スクールカウンセラーの業務マニュアル
心理支援を支える表に出ない仕事のノウハウ
（SC／しらかば心理相談室）田多井正彦著
ブックレット：子どもの心と学校臨床
（4）SCの仕事が捗る1冊。「SCだより」
や研修会等で使えるイラスト198点つ
き（ダウンロード可）。2,200円，A5並

コミュニティ・アプローチの実践
連携と協働とアドラー心理学
箕口雅博編
コミュニティのなかでどう動き，協働し，
効果ある実践を行うか。この本は，心理・
社会的なコミュニティへの支援のすべて
描いたもので，多くの読者の臨床現場で
役立つ一冊である。4,180円，A5並

その場で関わる心理臨床
多面的体験支援アプローチ
田嶌誠一著
密室から脱し，コミュニティやネット
ワークづくり，そして，「その場」での
心理的支援，それを支えるシステムの形
成をつくること──田嶌流多面的体験支
援アプローチの極意。4,180円，A5並

公認心理師の基礎と実践シリーズ 全23巻の電子版が読み放題
有料会員になれば，23巻（最新版）の
すべてを，いつでも，どこでも，さまざ
まなデバイス（PC，タブレット，スマ
ホ）で読める。文字検索も可能。1年目
29,700円，2年目以降年額11,000円。
https://ebook.tomishobo.com/

価格は税込です